KB126809

10개의 키워드로 본

세상을 바꾼 20가지 이야기

10개의 키워드로 본

세계는 내 친구 시리즈 2

세상을 바꾼 20가지 이야기

글 박동석

하마

보다 나은 변화를 꿈꾸며

"여러분은 21세기에 살고 있어서 행복하다고 생각해 본 적 있나요?"

이 질문이 어렵다면 조금 다르게 질문을 해 볼게요.

"만약 여러분이 고려 시대나 조선 시대에 산다고 가정하면 어떨까요?"

아마도 고려 시대나 조선 시대에 산다면 무척이나 불편할 거라는 생각이 들 거예요. 그 시대에는 여러분이 좋아하는 컴퓨터나 게임, 스마트폰 등이 없었으니까요. 그것뿐만이 아니지요. 현재 여러분이 누리고 있는 많은 것들을 포기하고 살아야 할 거예요.

그렇다고 나쁜 점만 있는 건 아니겠지요. 그 시대에는 지금처럼 공부하는 시간이 많지 않았을 거예요. 공부를 싫어하는 친구들

5

은 지금보다 고려 시대나 조선 시대가 더 좋을 수도 있어요. 하지만 공부 외에는 모든 것이 지금보다 불편하고 힘들었을 거예요.

지금 우리가 살고 있는 세상은 어느 날 한순간에 탄생한 게 아니에요. 오랜 세월 동안 조금씩 발전하여 이루어진 결과물이에요. 이것은 물론 많은 사람들의 노력과 희생이 있었기에 가능한 일이었어요.

세상은 많은 사람들의 노력과 희생으로 조금씩 더 나은 세상으로 바뀌어 왔어요. 물론 그 과정에서 많은 시행착오를 겪기도 했지요. 어떤 때에는 어느 한 사람의 욕심으로 더 나쁜 세상이 되기도 했고, 아픔과 슬픔을 겪는 일도 있었어요. 하지만 우리 인간은 그런 어려움에도 불구하고 조금씩 문명을 발전시켜 왔고, 지금과 같은 고도로 발달된 세상을 만들었어요.

지금도 우리가 사는 세상은 조금씩 변하고 있고, 우리의 미래가 어떤 모습으로 변할지는 아무도 몰라요. 한 가지 확실한 것은 여러분의 역할에 따라서 우리의 미래가 결정된다는 사실이에요. 모든 사람이 선한 마음으로 더 나은 세상을 만들려고 한다면 우리의 미래는 그렇게 바뀔 것이고, 어느 누군가 욕심을 부린다면 우리의 미래는 발전하기는커녕 오히려 원시 시대로 되돌아갈 수도 있어요.

여러분은 어떤 세상을 꿈꾸고 있나요? 여러분이 만들고 싶은 세상이 있나요? 여러분은 모두 세상을 바꿀 미래의 주인공들이에요. 여러분이 마음만 먹는다면 못 이룰 세상은 없어요. 세상은 노력하는 자의 것이니까요. 하지만 마음만 먹는다고 세상을 바꿀 수는 없어요. 세상을 바꾸기 위해서는 보통의 능력 그 이상을 발휘해야 해요. 또한 우리 조상들은 어떤 방법으로, 어떤 노력을 기울여 세상을 바꾸었는지 알아보는 것도 중요해요. 그것을 안다면 우리가 세상을 바꾸는 데 많은 도움이 될 수 있을 테니까요.

이 책에서는 세상을 바꾼 많은 것들 중 10가지 분야에 대해 정리했어요. 발명, 상품, 음식, 신소재, 약, 식물, 국제기구, 혁명, 조약, 재판이 그것이에요. 이외에도 세상을 바꾼 것들은 무수히 많이 있어요. 그러니까 여러분이 바꿀 수 있는 세상도 무수히 많을 거예요. 각자 자신의 역량을 잘 발휘한다면 그 분야에서 더 나은 세상을 만들 수 있을 거예요. 예를 들어 작가는 글로써 세상을 바꿀 수 있고, 과학자는 과학 기술로, 요리사는 음식으로, 예술가는 예술 작품으로 더 나은 세상을 만들 수 있어요.

미래는 여러분에게 달려 있어요. 여러분이 꿈꾸는 세상을 만드는 데 이 책이 작은 도움이 되길 바랄게요.

2020년 10월
박동석

차례

 **조약**

 재판

제1장

발명

1. 생활에 편리와 풍요로움을 준 발명품, 자동차
2. 20세기 최고의 발명품, 컴퓨터

'발명'을 사전에서 찾아보면 '아직까지 없던 기술이나 물건을 새로 생각하여 만들어 냄'이라고 나와 있어요. 간혹 발명과 '발견'을 헷갈려 하는 친구들이 있는데, 발견은 발명과는 좀 다른 의미예요. 발견을 사전에서 찾아보면 '미처 찾아내지 못하였거나 아직 알려지지 아니한 사물이나 현상, 사실 따위를 찾아냄'이라고 나와 있어요.

두 단어의 사전적 의미만 읽어 봐도 차이를 쉽게 알 수 있지요. 간단하게 말하면 발명은 기존에 없던 것에서 새로운 것을 만들어 내는 것이고, 발견은 기존에 있던 것을 찾아내는 것이라고 볼 수 있지요. 하지만 발명과 발견은 서로 동떨어진 것이 아니라 밀접한 관련이 있어요. 발견을 통하여 발명이 이루어진 경우도 많고, 반대로 발명을 통하여 새로운 발견이 이루어지는 경우도 있기 때문이지요.

여러분에게 조금 어리석은 질문을 해 볼게요. 최고의 발명, 최고의 발견은 무엇일까요? 왜 어리석은 질문을 한다고 했는지 알겠지요? 수많은 발명과 발견 중에서 최고를 뽑는 문제는 결코 쉽지 않고, 또 사람마다 판단하는 기준이 다르기 때문에 1등을 정한다는 것은 매우 어리석은 생각일 수밖에 없어요.

그렇다면 이런 질문은 어떨까요? 여러분이 생각하는 최고의 발명, 최고의 발견은 무엇인가요? 이 질문에는 나름대로 대답할 수 있을 거예요. 하지만 이 질문도 대답하기 쉬운 것은 아닐 거예요. 수많은 발명과 발견 중에서 1등을 뽑는 것은 정말 어려운 일이니까요.

사실 발견도 우리가 사는 세상을 바꾸고, 우리에게 많은 영향을 끼쳤겠지만 인간 생활에 직접적으로 영향을 주고, 인간 생활을 더 풍요롭게 만든 것은 발명품이라고 볼 수 있어요. 지금 우리 주위를 한번 둘러보세요. 발명품이 아닌 것이 몇 가지나 있을까요? 아마 거의 대부분이 기존에 없던 것에서 새롭게 만들어 낸 물건일 거예요. 발명품은 여러분이 매일 사용하는 스마트폰이나 컴퓨터, 매일 시청하는 텔레비전, 음식을 보관하는 냉장고, 가족들이 여행할 때 타고 가는 자동차 등 헤아릴 수 없을 정도로 많아요.

우리가 살고 있는 지구에 인류가 처음 나타난 것은 지금으로부터 300만 년 전으로 알려져 있어요. 최초의 인류는 아프리카에서 화석이 발견된 '오스트랄로피테쿠스'였는데, 이들은 두 발로 걸었고, 간단한 도구를 사용했다고 해요. 지구상에 인간이 처음 나타났을 당시 인간에게는 아무것도 없었어요. 그들은 살기 위해서 간단한 도구를 사용했는데, 아마도 이 도구가 최초의 발명품이었을 거예요.

이후 인간은 생존을 위해서, 생활의 편리와 풍요를 위해서 끊임없이 발명품을 만들어 냈어요. 때로는 인간을 위해 만든 발명품이 인간을 죽이는 물건이 되기도 했지만, 우리 인간은 이런 발명품을 통하여 지구상에서 가장 강력한 힘을 지닌 존재가 될 수 있었어요.

지금까지 인간은 수많은 발명품을 만들었는데, 이번 장에서는 그 많은 발명품 중 인간 생활에 가장 큰 편리와 풍요로움을 안겨 주었다고 생각되는 '자동차'와 '컴퓨터'에 대해 알아볼 거예요. 자동차와 컴퓨터는 우리가 사는 세상을 어떻게 바꾸어 놓았을까요? 지금 당장 자동차와 컴퓨터가 사라진다면 우리가 사는 세상은 어떻게 될까요? 그런 생각을 해 보면 자동차와 컴퓨터가 우리 생활에 얼마나 큰 영향을 미치고 있는지 금방 이해가 될 거예요.

01.

생활에 편리와 풍요로움을 준 발명품, 자동차

KEYWORD 1. **발명**

옛날 사람들은 어떻게 먼 곳으로 이동했을까요? 자동차가 없던 시절에는 빠르게 이동할 수 있는 교통수단이 말이나 마차 정도였을 거예요. 말이나 마차도 일반 백성들은 이용할 수 없었을 것이고, 거의 대부분 걸어서 다닐 수밖에 없었겠지요.

서울에서 부산까지의 거리는 400킬로미터가 조금 넘어요. 만약 서울에서 부산까지 걸어서 간다면 며칠이나 걸릴까요? 보통 하루에 20킬로미터 정도를 걸을 수 있다고 가정하면 20일 정도가 소요되지요. 그런데 자동차를 타고 간다면 4시간 정도만 소요될 뿐이에요. 20일이라는 시간이 단 4시간으로 단축되는 거예요. 물론 자동차가 빠르게 달릴 수 있는 도로가 있어야 가능한 이야기이기는 하지요. 어쨌든 자동차는 오늘날 사람과 짐을 실어 나르는 가장 중요한 교통수단이 되었고, 우리 생활에 엄청난 변화를 가져왔어요.

그렇다면 자동차는 언제 처음 발명되었을까요? 당연히 어느 날 갑자기 만들어진 건 아니에요. 자동차도 오랜 세월 동안 조금씩 발전하면서 오늘날과 같은 형태를 갖출 수 있었어요. 초창기에 자동차의 역할을 했던 것은 마차였어요. 하지만 마차는 말이 끄는 것이기 때문에 스스로 움직이는 수레라는 뜻의 자동차는 아니었어요.

자동차를 만들려는 노력은 16세기부터 있었어요. 많은 과학자들이 태엽이나 바람, 증기의 힘으로 이동하는 자동차를 연구했어요. 하지만 진정한 의미의 자동차는 1763년 와트가 증기기관을 발명하고 난 뒤에 탄생했어요.

1769년 프랑스 군대의 장교 니콜라 조제프 퀴뇨는 거대한 대포를 쉽게 옮길 수 있는 방법을 찾고 있었어요. 그는 와트의 증기기관을 보고 기막힌 생각이 떠올랐어요. 퀴뇨는 증기기관을 장착한 3개의 바퀴가 달린 수레 위에 대포를 얹었어요. 4톤이 넘는 대포를 실었는데도 수레는 물이 끓어서 나오는 증기의 힘으로 움직이기 시작했어요. 이것이 바로 최초의 자동차였어요. 이 자동차는 속도도 느리고(시속 4킬로미터가 되지 않았다고 함) 물도 수시로 보충하고 데워야 했는데, 물이 데워지는 데 시간이 오래 걸렸기 때문에 실생활에 활용하기는 어려웠어요.

이후 증기 자동차를 만들려는 퀴뇨의 연구는 계속되었어요. 1801년 영국의 리차드 트레비식은 소형의 가벼운 고압 증기 자동차를 발명했어요. 그는 1803년에 세계 최초로 증기 기관차를 만들기도 했어요.

트레비식 이후에도 증기 자동차는 계속 진화했는데, 많은 인원을 태우고 시속 20킬로미터로 달리는 증기 자동차까지 나타났어요. 증기 자동차는 소음도 심하고 보일러의 폭발 위험도 있었지

▲ 최초의 자동차를 만든 니콜라 조제프 퀴뇨

1. 생활에 편리와 풍요로움을 준 발명품, 자동차

만 19세기 후반까지 영국에서 대중 교통수단으로 이용되었어요.

19세기 중반에는 증기 자동차가 아닌 전기 자동차가 개발되기도 했어요. 하지만 당시 전기 자동차는 이동 거리도 짧았고, 속도도 느렸으며, 무엇보다 전기를 충전할 수 없었기 때문에 더 이상 발전하지 못했어요.

한편 자동차의 바퀴도 점점 발전했어요. 처음에는 마차 바퀴처럼 나무로 만들어 사용하다가 1835년부터는 고무바퀴로 바뀌었어요. 1888년에는 영국의 던롭이 튜브를 넣는 타이어를 발명하면서 자동차도 더 발달하게 되었어요.

증기 자동차는 20세기 초까지 널리 이용되다가 가솔린 기관이 발명되면서 점차 사라졌어요. 지금의 자동차는 대부분 가솔린 기관으로 움직이고 있어요.(1930년대 디젤 기관을 이용한 자동차가 나왔지만 당시에는 많이 사용하지 않았음. 디젤 기관은 주로 버스나 트럭 등에 사용되다가 최근에는 소형 자동차에도 많이 이용되고 있음)

가솔린 기관은 1877년 독일의 니콜라우스 오토가 발명했어요. 석유에서 얻은 가솔린(휘발유)을 원료로 사용하는데, 가솔린을 태워서 얻은 힘으로 피스톤을 움직여서 회전하게 만드는 원리예요.

최초의 가솔린 자동차는 독일의 고틀리프 다임러와 칼 프리드리히 벤츠에 의해 만들어졌어요. 다임러와 벤츠는 서로 가솔린 자동차 엔진을 먼저 만들었다고 주장했어요. 다임러와 벤츠는 1885년경에 가솔린 자동차를 완성하여 각각 특허를 얻었어요.

두 사람은 자신의 이름으로 회사를 설립한 뒤 서로 경쟁하면서 발전해 나갔어요. 그러다가 두 회사가 1926년 '다임러 벤츠사'로 합병되어 현재까지 이어 오고 있어요. 이 회사는 세계에서 가장 오래된 자동차 회사예요.

당시 다임러와 벤츠가 만든 가솔린 자동차는 무게가 300킬로그램이었는데, 시속 15킬로미터로 달릴 수 있었다고 해요. 가솔린 자동차는 증기 자동차에 비해 여러 장점이 있었지만, 이 무렵에는 한 사람이 한 대씩 직접 손으로 만들어야 했기 때문에 매우 비싼 가격에 판매되었고, 주로 부자들만 탈 수 있었어요.

오늘날 누구나 쉽게 값싼 자동차를 타고 다닐 수 있게 된 것은 '자동차 왕'이라고 불리는 미국의 헨리 포드 덕분이에요. 가솔린 자동차는 독일에서 처음 개발되었지만 이후 미국에서 폭발적인 인기를 끌었어요.

1890년대 미국에는 이미 50여 개의 자동차 제작 회사가 있었고, 1910년경에는 200여 개로 늘어났어요. 자동차 제작 회사가 늘어남에 따라 일반인들도 자동차를 살 수 있는 기회가 늘어났어요. 그 기회를 만들어 준 사람이 바로 자동차 대량 생산에 혁명을 일으킨 헨리 포드예요.

헨리 포드는 부자들의 전유물처럼 여겨지던 자동차를 일반인들도 구입할 수 있는 물품으로 만들었어요. 포드는 어떤 방법으로 값싼 자동차를 만들어 사람들이 쉽게 구입하도록 했을까요? 그건 포드가 컨베이어 벨트를 이용한 대량 생산 방식을 채택했기 때문이에요.

포드는 시카고 도축장에서 컨베이어 벨트를 보고 자동차 생산에 이용할 수 있는 방법을 연구했고, 조립 공정에 컨베이어 벨트를 적용하면 된다는 것을 깨달았어요. 컨베이어 벨트를 이용한 조립 공정은 간단했어요. 근로자들은 컨베이어 벨트를 통해서 자기 자리에 오는 부품만 조립하면 되는 거였어요. 움직이지도 않고 한 자리에서 같은 일만 반복하다 보니 일은 더 능숙해졌고, 시간은 그만큼 단축될 수 있었어요.

1908년 제작한 '포드 모델 T' 자동차는 1914년부터 대량 생산 방식으로 만들어졌는데, 이 자동차는 20년간 1,500만 대를 생

© Keith Bell/Shutterstock.com

▲ 1926년 포드 모델 T

산했다고 해요. 포드의 대량 생산 덕분에 1920년대부터 일반인들도 자동차를 쉽게 구입할 수 있게 되었어요.

우리나라는 1955년에 처음으로 자동차를 생산했어요. 이 자동차의 이름은 '시발 자동차'였어요. '시발(始發)'은 '처음으로 시작한다'는 의미인데, 우리나라 자동차의 시작이라는 뜻에서 이렇게 이름을 붙였다고 해요. 우리나라는 비교적 늦게 자동차를 생산했지만 지금은 세계 10위 안에 드는 자동차 생산국이 되었어요.

자동차는 우리 생활을 편리하고 풍요롭게 만들어 주었지만, 한편으로는 많은 걱정거리를 안겨 주었어요. 그건 다름 아닌 공해 문제예요. 자동차는 연료를 연소한 후 대기에 가스를 배출하는데, 이 가스가 대기를 오염시키고 있어요. 1980년대부터 전 세계적으로 대기 오염과 지구 온난화 문제가 심각한 상황에 이르렀어요. 지금은 많은 나라들이 자동차 배기가스를 줄이기 위해 노력하고 있고, 대기 오염을 일으키지 않는 전기 자동차 보급에도 박차를 가하고 있어요.

자동차 왕, 헨리 포드

헨리 포드는 1863년 7월 미국의 미시간주에 있는 작은 농장에서 태어났어요. 어릴 때부터 기계 만지는 것을 좋아했던 포드는 16세에 학교를 중퇴하고, 디트로이트에 있는 기계 제작소에서 내연 기관 만드는 일을 배웠어요. 3년 후 고향으로 돌아온 포드는 농장 한 구석에 작은 기계 수리점을 내고, 농장 기계를 수리하는 일로 생계를 유지했어요.

1890년 디트로이트로 이사하면서 에디슨 전등 회사에 취직하여 2년 만에 기계 주임이 되었어요. 그 뒤 포드는 가솔린 엔진 실험에 심혈을 기울였고, 마침내 1896년 사륜마차 차체에 가솔린 기관을 장착한 '쿼드리사이클'이라는 자동차를 완성했어요.

그 후에도 포드는 몇 대의 자동차를 더 제작했지만 그때마다 제작비를 마련하기 위해 자동차를 팔아야 했어요. 1899년에는 몇몇 후원자들과 함께 디트로이트에서 자동차 회사를 설립했는데, 이때 후원자들과 의견 차이가 심해 회사를 그만두고 말았어요.

　포드는 자동차 공장을 세우고 싶었지만 자본이 없었어요. 실의에 빠져 있던 포드에게 쿠퍼라는 자동차 경주 선수가 찾아와 경주용 자동차를 만들어 달라고 요청했어요. 포드는 그 요청을 받아들여 곧바로 경주용 자동차 제작에 매달렸어요. 이렇게 해서 '999'라고 이름 붙인 경주용 자동차가 세상에 나오게 되었어요.

　999 자동차는 그 당시 나온 경주용 자동차를 압도하는 속력을 자랑했어요. 사람들은 999의 빠른 속도에 감탄했고, 많은 사람들이 포드에게 관심을 보이며 자동차 회사 설립을 요청했어요.

　1903년 포드는 후원자들의 도움을 받아 디트로이트에 '포드

▲ '자동차 왕'이라고 불리는 미국의 헨리 포드 우표

1. 생활에 편리와 풍요로움을 준 발명품, 자동차

자동차 회사'를 설립했어요. 포드 자동차는 만들기가 무섭게 팔려 나갔어요. 포드는 이에 만족하지 않고 더 우수한 자동차를 만들기 위해 많은 노력을 기울였어요. 1908년 포드는 새로운 자동차 '포드 T'를 출시했어요. 포드 T는 출시되자마자 선풍적인 인기를 끌었고, 회사는 계속해서 번창했어요. 또 1913년에는 놀라운 일이 일어났어요. 포드는 컨베이어 벨트를 이용하여 움직이는 조립 라인을 만듦으로써 자동차 대량 생산의 길을 열었어요.

포드의 기술 혁신은 자동차에만 한정되지 않았어요. 1914년 포드는 깜짝 놀랄 만한 결정을 내렸어요. 회사에서 힘들게 근무하는 노동자들을 위하여 하루 노동 시간을 8시간으로 줄이고, 임금도 2배로 올렸어요. 보통 노동 시간을 줄이면 임금도 줄어들 수밖에 없는데, 포드는 오히려 임금을 올리는 혁신적인 결정을 한 거예요.

포드의 이런 결정은 대성공을 거두었어요. 노동자들은 노동 시간이 줄고 임금이 늘어나면서 여유가 생기자 제일 먼저 자신들의 회사에서 나온 포드 자동차를 구입했어요. 회사의 매출이 늘어나는 것은 당연한 일이었어요.

포드의 혁신적인 결정으로 포드 자동차는 1920년대 초 미국 자동차 시장의 반 이상을 장악했고, 전 세계 자동차 시장에서도 포드 자동차를 넘어서는 곳은 없었어요. 하지만 이후 노동조합을 인정하지 않고 단순 노동만을 강요하는 근로 환경을 고집해 경영이 어려워졌어요. 그러다 1947년 포드는 뇌출혈 발작으로 세상을 떠났어요.

02. 20세기 최고의 발명품, 컴퓨터

KEYWORD 1. 발명

컴퓨터는 우리 생활에 없어서는 안 될 중요한 물건이에요. 다른 많은 물건들도 그렇지만 특히 컴퓨터는 이제 우리와 떼려야 뗄 수 없는 물건이 되어 버렸어요. 지금은 모든 일과 공부를 컴퓨터를 통해서 할 수 있기 때문이에요.

여러분도 컴퓨터 없이는 아무것도 할 수 없을 거예요. 공부나 숙제, 글을 쓰거나 그림을 그리는 일도 모두 컴퓨터가 있어야 가능하지요. 여러분이 좋아하는 게임도 컴퓨터가 있어야 할 수 있고, 컴퓨터가 없는 생활은 상상도 할 수 없을 거예요.

여러분의 부모님도 마찬가지예요. 아버지나 어머니가 회사에 나가 일을 할 때에도 대부분 컴퓨터로 일을 처리할 테니까요. 우리 주위 어디를 가든 컴퓨터가 없는 곳이 없고, 모든 일은 컴퓨터를 통해서 이루어지고 있을 거예요. 한마디로 지금은 '컴퓨터 시대'라고 볼 수 있어요.

컴퓨터는 프로그램에 의해 정보를 처리하는 장치를 말하는데, 좀 더 쉽게 표현하면 자동 계산기를 의미해요. 컴퓨터는 숫자 계산, 자동 제어, 데이터 처리, 사무 관리, 언어나 영상 정보 처리 따위에 광범위하게 이용되고 있어요.

그렇다면 컴퓨터는 언제 처음 발명되었을까요? 컴퓨터 역시 어느 날 갑자기 지금 우리가 사용하는 형태로 발명된 건 아니에요. 오랜 세월 동안 조금씩 발전을 거듭하면서 지금의 컴퓨터가 탄생할 수 있었어요.

컴퓨터를 자동 계산기라고 생각하면 그 역사는 꽤 깊어요. 아주 오랜 옛날에도 천체의 움직임과 밤과 낮의 길이를 계산할 수 있는 정밀한 기계식 계산기가 있었다고 해요. 하지만 천체 관측 외에는 사용할 수가 없어서 실용성이 없었어요.

1623년 독일의 빌헬름 시카르트는 6자리 숫자의 덧셈과 뺄셈을 수행할 수 있는 최초의 기계식 계산기를 발명했어요. 1642년에는 프랑스의 수학자 블레즈 파스칼이 십진수의 덧셈과 뺄셈을 계산할 수 있는 기계식 계산기를 발명했어요. 또 1672년에는 독일의 고트프리트 빌헬름 라이프니츠가 파스칼이 만든 계산기를 곱셈과 나눗셈이 가능한 기계로 만들었어요. 라이프니츠는 현대 디지털 컴퓨터의 핵심적인 부분이 된 이진법을 사용했어요.

1801년 프랑스의 조제프 마리 자카르는 '룸(Loom)'을 발명했는데, 이것은 천공 카드를 이용하여 옷감의 무늬를 생성시키는 베틀 기계였어요. 영국의 수학자 찰스 배비지는 자카르에게서 영감을 얻어 1835년 '해석 기관'을 만들었어요. 이것은 천공 카드를 이용하여 복잡한 계산을 해결한 다음 그 결과를 메모리 시스템에 저장하는 방식이었어요. 하지만 이 기계는 너무나 복잡하여 당시 기술로는 만들 수가 없었어요. 배비지의 이 설계는 시간이 흘러 다음 세대에 유용하게 이용되었어요. 배비지는 오늘날 컴퓨터의 기초가 된, 자동적으로 계산을 행하는 기계를 최초로 만든 사람으로 평가받고 있어요.

1941년 독일의 공학자 콘라드 추제는 천공 카드로 프로그래밍 할 수 있는 최초의 전자식 컴퓨터 'Z3'을 개발했어요. 하지만 콘라드 추제는 당시 적대 관계였던 미국이나 영국의 과학자들과 교류가 없었고, Z3 또한 2년 후 연합군의 포격으로 파괴되어 외부로 알려지지 못했어요.

프로그래밍이 가능한 최초의 전자식 디지털 컴퓨터는 제2차 세계 대전 당시 독일의 암호를 해독하기 위해 만든 '콜로서스'라고 할 수 있어요. 이 컴퓨터는 '현대 디지털 컴퓨터의 아버지'라고 불리는 영국의 앨런 튜링이 개발했어요.

제2차 세계 대전 중 독일은 암호를 이용하여 군사 정보를 전달했어요. 이 암호는 수시로 바뀌었기 때문에 연합군은 독일의 공격을 효과적으로 방어할 수가 없었어요. 독일의 암호를 해독하는 책임자였던 튜링은 1943년 1,600개의 진공관을 이용한 '콜로서스'라는 암호 해독기를 만들었는데 이는 최초의 디지털 연산 컴퓨터라고 볼 수 있어요.

영국은 튜링이 만든 암호 해독기를 이용하여 독일의 암호를 해독했고, 노르망디 상륙 작전을 성공시킴으로써 제2차 세계 대전을 승리로 이끌 수 있었어요. 콜로서스는 전쟁 기밀이었기 때문에 일반인에게는 그 존재가 나중에 알려지게 되었고, 그런 까닭에 최초의 컴퓨터라는 영예는 얻을 수 없었어요.(미국에서 만든 '에니악'을 최초의 컴퓨터라고 이야기함)

1946년 미국에서 진공관을 이용한 에니악이라는 컴퓨터가 개발되었어요. 진공관은 공기를 완전히 뺀 유리관 안에 양극과 음

▲ 최초의 전자식 디지털 컴퓨터 '콜로서스'를 만든 앨런 튜링

극의 금속판을 넣어서 만든 장치인데, 다양한 전기 신호를 보냄으로써 기계가 아닌 전기 신호로 계산을 가능하게 했어요.

에니악은 제2차 세계 대전 중 미사일의 궤도를 계산할 목적으로 미국 국방성의 주도하에 개발된 컴퓨터였어요. 에니악은 18,000개의 진공관을 사용하였고, 무게도 30톤이나 되는 엄청난 크기였기 때문에 정부에서 군사적인 목적으로만 사용할 수 있었어요.

컴퓨터는 트랜지스터가 발명되면서 비약적인 발전을 이루었어요. 트랜지스터가 발명되면서 컴퓨터는 더 소형화되었고, 성능은 더 높아졌어요. 1947년 미국 벨전화연구소 3명(브래튼, 바딘, 쇼클리)의 연구원은 반도체가 전기 신호를 증폭시킬 수 있다는 사

▲ 미국 최초의 컴퓨터 '에니악'

2. 20세기 최고의 발명품, 컴퓨터

실을 알아내고, 이를 이용하여 트랜지스터(진공관의 100분의 1 크기)를 만들었어요. 3명의 연구원은 1957년 트랜지스터를 발명한 공을 인정받아 노벨 물리학상을 받았어요.

1959년 미국 텍사스 인스트루먼트사에 근무하던 잭 킬비는 최초로 '집적회로(IC)'를 제작하는 데 성공했어요. 집적회로는 '마이크로칩'이라고도 하는데, 여러 개의 트랜지스터를 하나의 작은 회로에 넣을 수 있어서 컴퓨터의 크기를 획기적으로 줄였고, 성능도 크게 향상시켰어요. 집적회로 기술은 시간이 갈수록 더 발전하여 나중에는 수천 개의 트랜지스터를 하나의 회로에 넣을 수 있었고, 컴퓨터의 크기는 더 작아지면서 성능은 더 높아지는 결과를 가져왔어요. 잭 킬비는 집적회로를 발명한 공을 인정받아 2000년 노벨 물리학상을 받았어요.

1970년대 말부터는 개인용 컴퓨터(PC)가 보편화되기 시작했고, 우리나라에도 1980년대부터 컴퓨터가 많이 보급되었어요. 컴퓨터의 발전 과정을 자세히 살펴보면 진공관을 이용한 컴퓨터를 제1세대 컴퓨터라고 부르고, 트랜지스터 기술을 이용한 컴퓨터를 제2세대 컴퓨터라고 불러요. 또 집적회로 기술을 이용한 컴퓨터를 제3세대 컴퓨터라고 불러요. 집적회로 기술을 이용하면서 컴퓨터는 더 소형화되었고, 성능도 높아졌어요.

집적회로 기술은 나날이 발전하여 지금은 '고밀도 집적회로(LSI)'와 '초고밀도 집적회로(VLSI)'가 개발되었어요. 고밀도 집적회로는 수만 개의 트랜지스터를, 초고밀도 집적회로는 수십만 개의 트랜지스터를 포함하고 있는 기술인데, 우리는 지금 고밀도 집적회로와 초고밀도 집적회로를 이용한 제4세대 컴퓨터 시대에 살고 있어요. 일부 과학자들은 벌써 제5세대 컴퓨터를 연구하고 있다고 해요.

현재 컴퓨터는 누구나 가방에 넣고 다니며 사용할 수 있는 친구 같은 존재가 되었어요. 컴퓨터 없이는 아무 일도 할 수 없게 되었고, 건축, 예술, 문화 등 전 분야에 걸쳐 꼭 필요한 물건이 되었어요. 그런 의미에서 컴퓨터는 20세기 최고의 발명품이라고 볼 수 있지 않을까요?

수많은 컴퓨터를
연결시켜 주는 인터넷

컴퓨터는 처음에 계산을 빠르게 하는 기계로 발명되었어요. 그래서 컴퓨터를 '고속의 자동 계산기'라고 부르기도 해요. 그런데 점차 컴퓨터의 용도가 다양해지면서 단순히 계산하는 기계에서 벗어나게 되었지요.

컴퓨터는 인간이 감당할 수 없는 엄청난 양의 데이터를 처리하는데, 데이터도 다양화되고 용량도 방대해지면서 한 대의 컴퓨터로는 그 모두를 처리할 수 없는 상황에 이르렀어요. 이런 문제를 해결하기 위해 연구자들은 두 대 이상의 컴퓨터를 서로 연결하여 데이터를 주고받는 방법을 모색했어요.

처음에는 케이블을 이용하여 컴퓨터를 연결했어요. 그런데 이 방식은 여러 가지로 불편했어요. 케이블 길이의 제한도 있었고,

여러 대의 컴퓨터를 연결할 경우에는 문제도 발생했어요. 연구자들은 케이블 없이도 여러 대를 연결할 수 있는 무선 연결 방식을 연구하게 되었어요.

1969년 미국 국방부는 미국에 있는 4개 대학과 함께 '알파넷 (아르파넷)'이라는 시스템을 구축했어요. 이 알파넷이 바로 컴퓨터들을 케이블로 연결하지 않고, 대규모의 통신망을 이용하여 자유롭게 데이터를 주고받을 수 있는 방식이에요.

여러 개의 통신망을 집합시킨 광역 통신망을 일반적으로 '인터네트워크'라고 하는데, 미국 국방성이 개발한 알파넷은 이러한 인터네트워크를 본격적으로 구축한 최초의 통신망이었어요.

알파넷은 처음에 연구용으로만 쓰였는데, 참여 기관이 늘어나면서 다양한 목적으로 사용하자는 요구가 많아졌어요. 또 컴퓨터의 종류가 다양해지면서 '프로토콜(컴퓨터끼리의 공통된 통신 규약)'을 재정비할 필요성이 부각되었어요. 그래서 미국 국방부는 알파넷을 민간용으로 분리시켰고, 새로운 프로토콜도 도입했어요. 바로 이때부터 '인터넷'은 인터네트워크의 약자가 아닌 고유 명사로 인식되었어요.

1986년 미국 국립과학재단은 미국 내 5개 슈퍼컴퓨터를 연결한 새로운 통신망인 'NSFNET(엔에스에프넷)'을 구축했어요. 그리고 1988년 알파넷이 엔에스에프넷에 흡수되면서 인터넷은 본격적으로 자리를 잡기 시작했어요. 그런데 이때의 엔에스에프넷은 정부 지원으로 운영되었기 때문에 학술 연구 및 교육 분야 외에는 이용이 제한되었어요. 게다가 이 시기의 통신망은 단순히 메일을 주고받거나 특정 프로그램끼리만 연결되는 매우 제한적인 방식이었어요. 이에 1989년 유럽입자물리연구소의 연구원이었던 영국의 팀 버너스 리가 문자 및 그림, 음성 등 다양한 데이터를 주고받을 수 있는 새로운 시스템을 제시했어요. 여러분이 잘 알고 있는 '월드와이드웹(World Wide Web: WWW)'이 비로소 탄생하게 된 거예요.

'WWW'는 1991년 8월 6일에 처음 서비스를 시작했고, 세계 최초의 홈페이지도 이날 처음 공개되었어요. 현재 우리가 생각하는 인터넷의 형태는 이때부터 자리를 잡았다고 볼 수 있어요. 그래서 WWW의 개념을 처음 구상한 팀 버너스 리는 'WWW의 아

▲ 'WWW의 아버지' 혹은 '인터넷의 아버지'로 불리는 팀 버너스 리

버지' 혹은 '인터넷의 아버지'로 불리게 되었어요.

  오늘날 우리는 인터넷을 통해서 세계 여러 나라 사람들과 쉽게 정보를 주고받고, 의견을 교환할 수 있게 되었어요. 또 필요한 물건을 쉽게 구입할 수도 있고, 자신에게 필요한 많은 정보를 손쉽게 얻을 수도 있게 되었지요.

제2장

상품

세상을 바꾼 것이라고 하면 흔히 과학 발명품을 가장 먼저 떠올릴 거예요. 앞에서 살펴본 자동차나 컴퓨터는 가장 대표적인 과학 발명품이지요. 물론 세상은 과학 발명품에 의해 많이 바뀌었지만 아주 작은 물건, 사소한 우연, 실수에 의해서도 바뀌었어요. 인간이 만든 여러 상품들도 그중 하나예요.

'상품'은 쉽게 설명하면 '사고팔 수 있는 물건'을 말해요. 사고판다는 것은 서로의 필요에 의해 물건을 교환한다는 의미이지요. 그러니까 상품의 핵심은 교환한다는 것에 있어요. 조금 더 깊게 들어가면 교환할 수 없는 물건은 상품으로서의 가치가 없다고도 볼 수 있지요.

현생 인류를 '호모 사피엔스'라고 해요. 여러분도 호모 사피엔

스이고, 몇 천 년 전의 우리 조상들도 모두 호모 사피엔스예요. 어떤 사람들은 호모 사피엔스가 그 이전 인류들을 모두 누르고 우리의 조상이 될 수 있었던 이유를 '교환'에서 찾기도 해요.

인구가 늘어나고 서로 모여 살기 시작하면서 물건의 교환은 우리 인간의 중요한 생존 수단이 되었어요. 각자의 필요에 의해서 물건을 교환함으로써 생계를 유지할 수 있었던 거지요. 지구상의 모든 세계가 동등한 환경 조건을 갖추고 있지 않았기 때문에 교환은 반드시 필요했고, 서로가 원하는 것을 얻기 위해서 기술도 발전했으며, 문명도 발달할 수 있었어요.

처음에는 인간의 의식주와 관련된 상품들이 세상을 바꾸는 데 많은 역할을 했어요. 소금, 후추, 향신료, 모피 등이 그런 상품들이지요. 소금이 세상을 바꾸는 데 큰 역할을 했다는 건 여러분도 쉽게 이해할 수 있을 거예요. 우리 인간은 소금 없이는 살 수가 없어요. 문명의 발상지를 보면 공통적으로 소금을 쉽게 구할 수 있는 위치에 있었다고 해요. 그러니까 소금은 인류 탄생 때부터 아주 중요한 생존 수단이었던 셈이에요.

모피도 세상을 바꾼 대표적인 상품이었어요. 모피가 세상을 바꾼 상품이었다는 사실은 잘 몰랐을 거예요. 인류 최초의 옷은 바로 동물 가죽이었어요. 우리 조상들은 모피를 구하기 위해 세계 곳곳을 돌아다녔고, 그 덕분에 시베리아나 신대륙도 개척할 수 있었다고 해요. 그러니까 모피가 미지의 세계를 개척하는 원동력이 되었던 셈이지요. 하지만 여기에도 어두운 면은 존재해요. 무분별한 동물 사냥은 결국 자연 생태계를 파괴하여 인간의 파멸을 불러올 수도 있어요. 우리 인간의 역할이 중요한 시점이지요.

또 세상을 바꾼 상품을 이야기할 때 '석유'를 빼놓을 수 없지요. 석유가 없는 세상을 상상해 보세요. 석유가 없다면 우리가 사는 세상은 금방 마비가 되어 큰 혼란 상태에 빠지고 말 거예요. 그런데 석유는 우리 삶을 윤택하게 만들기도 했지만 고통과 슬픔을 안겨 주기도 했어요. 석유가 중요한 상품이 되면서 석유를 얻기 위해서 무수히 많은 전쟁이 일어났기 때문이지요. 지금도 석유를 얻기 위한 전쟁은 세계 곳곳에서 일어나고 있어요. 그러니까 석유는 세상을 바꾼 위대한 상품이기도 하지만 세상을 아프게 한 상품이기도 해요.

세상 모든 상품에는 명암이 있어요. 가만히 살펴보면 어두운 면은 모두 우리 인간의 욕심에서 비롯된 경우가 많아요. 우리가 상품을 어떻게 사용하느냐에 따라서 세상은 더 좋게 바뀔 수도 있고, 더 나쁘게 바뀔 수도 있지요.

이번 장에서는 세상을 바꾼 상품들 중에서 모피와 석유에 대해 알아볼 거예요. 모피와 석유는 세상을 어떻게 바꾸었는지 알아보고, 더 나은 세상을 만들기 위해서 우리가 어떻게 사용하는 것이 좋을지 생각해 봤으면 좋겠어요.

03.

신대륙 개척의 일등 공신, 모피

KEYWORD 2. **상품**

여러분은 호랑이 가죽을 본 적 있나요? 여러분의 기억을 한번 되살려 보세요. 텔레비전에서 우리나라 옛날 시대를 배경으로 하는 드라마를 본 기억이 있을 거예요.

옛날에는 전쟁이 참 많았어요. 드라마에서도 전쟁 장면을 많이 연출하는데, 주인공으로 등장하는 유명한 장군의 막사를 보면 항상 호랑이 가죽이 등장하곤 해요. 호랑이 가죽은 장군이 몸에 두르기도 했고, 막사의 바닥이나 의자 등에 깔아 두기도 했지요. 이때의 호랑이 가죽은 그 장군의 위엄과 용감함을 나타내는 상징적인 물건이었어요.

호랑이나 범의 가죽은 몸을 보호하려는 목적보다는 장식용으로 사용되는 경우가 많았어요. 즉, 옷보다는 깔개나 의자, 수레 등을 장식하는 용도로 많이 사용되었지요. 호랑이 가죽은 여러분이 알고 있는 대표적인 모피라고 볼 수 있어요.

모피는 '포유류 동물의 털이 붙은 가죽'을 말해요. 좀 더 구체적으로 표현하면 포유류 동물의 털이 붙은 가죽을 조금 가공하여 의복 등에 이용할 수 있도록 만든 것이에요.

모피의 털은 크게 두 종류로 구분할 수 있어요. 굵고 긴 '상모'와 상모 밑에 있는 부드럽고 짧은 '하모'가 그것이에요. 상모는 '긴 털'이라고도 하고, 하모는 '솜털'이라고도 불러요. 솜털은 동물의 체온을 일정하게 유지시켜 주는 역할을 했고, 긴 털은 솜털과 피부를 보호하고 비나 눈 등을 막아 주는 역할을 했어요. 긴 털과 솜털이 모두 있는 모피를 '진모피'라고 불렀는데, 진모피가 상품으로서 가치가 높았어요.

사람들은 모피를 얻기 위해 어떤 동물들을 사냥했을까요? 아마도 호랑이나 표범, 곰 등 덩치가 큰 동물들을 떠올릴 거예요. 몸집이 크면 얻을 수 있는 모피도 많을 테니까요. 하지만 이런 동물들은 그 수가 적었고 잡기도 어려웠기 때문에 모피로 사용한 경우는 많지 않았어요. 인간은 모피를 얻기 위해 그보다 작은 동물들인 다람쥐, 족제비, 담비(족제빗과에 속하는 동물), 여우, 늑대 등을 사냥했어요. 이런 동물들은 그 수도 많았고, 쉽게 잡을 수도 있었어요.

모피는 오랜 옛날부터 인류의 의복으로 이용되었고, 현대에 와서는 방한용이나 장식용의 중요한 재료로 사용되고 있어요. 인간은 원래 식용으로 동물들을 잡았지만 점차 몸을 보호하기 위해 모피를 이용하게 되었고, 문명이 발달함에 따라 몸을 보호하는 실용적 목적은 감소하고 점점 사치품이 되었어요. 고대 그리스나 로마, 중국에서는 모피 옷이 부와 지위의 상징이 되기도 했어요.

인간이 모피를 의복으로 사용한 것은 기원전 3,500년경으로 보고 있는데, 아마도 그 이전부터 의복으로 사용했을 것으로 추정하고 있어요. 기록에 의하면 기원전 3,500년경 유프라테스강 하류에 살았던 수메르들이 모피를 즐겨 사용했다고 해요.

동양에서는 중국이 기원전 1,000년경 모피를 의복으로 사용했다고 하고, 우리나라 고조선은 당시 모피 무역의 중심지 역할을 했다고 해요. 고조선에서 모피 무역이 성행할 수 있었던 것은 백두산 등 산악 지대에 호랑이나 표범 등이 많이 살았고, 특히 담비

▲ 오랜 옛날부터 인류의 의복으로 이용된 모피

3. 신대륙 개척의 일등 공신, 모피

가 많았기 때문이에요. 고조선은 초기 모피 무역 덕분에 부강한 나라를 만들 수 있었어요.

또 모피는 고대부터 종교적인 신성함을 나타내고 있었고, 부와 지위의 상징이기도 했어요. 고대 이집트의 파라오는 사자 꼬리로 만든 허리띠를 장식용으로 허리에 둘렀는데, 이는 파라오만이 사용할 수 있는 물건이었어요. 또 표범의 모피는 신전 사제들만이 사용할 수 있었어요. 이렇다 보니 모피의 가치는 상당히 높았고, 대표적인 사치품이 되었어요.

로마 제국 5현제 시대의 마지막 황제 마르쿠스 아우렐리우스는 모피가 사치품이 되자 모피에 세금을 붙이기도 했어요. 이후 황제들 역시 세금을 더 높게 책정하여 모피의 사용을 억제했어요.

동물의 털가죽이 모피가 되기 위해서는 복잡한 과정을 거쳐야

▲ 사자 꼬리로 만든 허리띠를 두른 고대 이집트의 파라오

제2장. 상품

했기 때문에 모피는 고가에 거래될 수밖에 없었어요. 15세기 〈세조실록〉을 보면 돼지가죽 한 장은 베 10필의 가격이었고, 이를 가공한 가죽 갑옷은 베 50필의 가격이었다고 해요.

모피가 몸을 보호하는 실용적인 목적에서 벗어나 사치품이 되면서 모피의 수요는 급격하게 늘어나게 되었어요. 수요가 늘어나자 모피 무역도 덩달아 성행하게 되었고, 모피 무역이 본격적으로 시작되면서 모피가 세상을 바꾸는 역할을 하게 되었지요.

모피가 세상을 바꾸었다니, 조금 이해하기 어려울 수도 있어요. 좀 더 구체적으로 말하면 모피 사냥, 모피 무역으로 인해 모피가 세상을 바꾸는 역할을 할 수 있었어요. 러시아의 시베리아 땅이나 신대륙이었던 북아메리카 지역이 개발될 수 있었던 것도 바로 모피 사냥 덕분이었으니까요. 그러니까 모피는 미지의 대륙을 개발한 일등 공신이었던 셈이에요.

유럽 지역에서 모피 무역이 본격적으로 시작된 것은 중세 시대부터였어요. 이는 중세 시대부터 모피 수요가 급격하게 늘어났다는 것을 의미해요. 모피 수요가 늘어나자 유럽 지역에서는 모피 동물들이 멸종 위기를 맞았고, 많은 나라들이 미지의 땅에 관심을 갖기 시작했어요. 대표적인 나라가 러시아예요. 러시아는 16세기부터 미지의 땅이었던 시베리아 지역을 공략하기 시작했어요.

당시 시베리아 지역에는 몽골계 원주민들이 살고 있었는데, 러시아는 용병들을 고용해서 시베리아 지역을 공략했어요. 주목적은 모피를 구하기 위해서였어요. 당시에는 사냥꾼이 검은담비

몇 마리만 잡아도 평생 동안 편안하게 생활할 수 있었다고 해요. 모피의 가치가 얼마나 높았는지 짐작할 수 있는 이야기지요.

러시아는 모피를 구하기 위해 시베리아 지역을 개발했고, 그 덕분에 점점 더 동쪽으로 영토를 넓힐 수 있었어요. 당시 모피 상인들의 시베리아 개발 속도는 군대의 진격 속도보다 빨랐다고 해요.

여러분도 알고 있듯이 시베리아 지역은 땅이 얼어 있기 때문에 사람이 생활하기는 지극히 어려운 곳이었어요. 짧은 여름이 있긴 하지만 그렇다고 인간이 생활할 수 있는 환경은 아니었지요. 이런 열악한 환경의 시베리아 지역을 개발하고, 또 사람이 살 수 있게 된 것은 모두 모피 덕분이었어요. 만약 모피의 가치가 높지 않았다면 시베리아 지역은 쉽게 개발되지 못했을 거예요. 모피 동물 몇 마리만 잡아도 평생을 편안히 살 수 있었기 때문에 많은 사람들이 모험을 했던 거지요.

러시아 상인들이 시베리아에서 얻은 모피는 주로 비버 가죽이었어요. 비버는 포유류 쥐목 비버과에 속하는 동물인데, 아메리카 비버와 유럽 비버 2종이 있어요. 비버는 땅딸막한 몸집의 동물로 귀는 작고 둥글고, 다리는 짧고 뒷다리는 크며 물갈퀴가 있는데, 특이하게 댐을 만드는 습성이 있어요.

비버 가죽은 러시아 경제에 많은 도움이 되었는데, 당시 기록을 보면 러시아의 비버 가죽 수출액은 러시아 재정의 10분의 1을 차지했다고 해요. 러시아는 시베리아에서 비버 가죽 외에도 담비, 늑대, 여우 등의 동물들을 잡아서 모피 무역을 독점하다시피 했어요. 하지만 아무런 대책 없이 동물들을 잡기만 하자 광활했던 시베리아 지역의 동물들도 서서히 자취를 감추기 시작했어요. 18세기 무렵에는 더 이상 모피 동물들을 찾을 수가 없게 된 거예요.

이렇게 되자 러시아의 모피 상인들은 알래스카로 진출하기 시작했어요. 알래스카는 지금은 미국 땅이지만 당시에는 모피 상인들에 의해 개척되었고, 그렇게 해서 러시아의 영토가 되었어요. 얼음으로 뒤덮여 있었던 미지의 땅 알래스카는 모피를 얻으려던 러시아 상인들에 의해 비로소 세상에 모습을 드러낼 수 있었어요.

모피에 대한 수요는 해가 갈수록 계속해서 늘어났어요. 러시아의 모피 상인들이 모피를 구하기 위해 미지의 땅이었던 시베리아나 알래스카 지역을 개척했지만 이곳에서도 모피의 수요를 충족시킬 수는 없었어요. 유럽의 모피 상인들은 모피를 구하기 위해 새로운 대륙을 찾아야 했어요. 그렇게 해서 눈을 돌리게 된 곳이 바로 북아메리카 대륙이었어요. 15세기 후반, 콜럼버스가 아메리카 대륙을 발견한 이후부터 유럽인들은 새로운 대륙으로 이동하기 시작했고, 미지의 대륙에 정착하는 데 큰 도움을 주었던 것이 바로 모피였어요.

17세기 초, 네덜란드의 상인들은 지금의 미국 맨해튼 지역에 모피 교역소를 세워 모피 무역을 시작했어요. 당시 북아메리카 지역에는 인디언들이 살고 있었는데, 이들은 백인들에게 모피를 주고 그 대가로 술, 무기 등을 구입했어요. 인디언들은 이때 백인들과 접촉하면서 많은 질병에 감염되어 커다란 피해를 입기도 했지만 백인들에게서 받은 무기를 이용하여 모피 사냥에 나섰고, 모피를 구하기 위해 부족 간 전쟁(일명 비버 전쟁, 52쪽 '더 알아보기' 참조)을 벌이기도 했어요.

당시 최고로 인기 있었던 모피는 비버 가죽이었어요. 18세기 후반에 유럽이 북아메리카 지역에서 수입한 비버 모피는 연평균 수십만 마리였고, 전체 숫자는 200만 마리가 넘었다고 해요.

유럽인들이 북아메리카 지역에서 처음 비버 모피를 수입한 것은 맨해튼 지역의 동부였는데, 무분별한 비버 사냥으로 동부 지역의 비버는 곧 멸종 위기에 처했어요. 그러자 상인들은 미개척지였던 북아메리카 지역의 서부로 눈을 돌리기 시작했어요. 그러니까 북아메리카 서부 지역 개발의 일등 공신도 모피라고 볼 수 있어요.

상인들은 서부 지역에서도 비버 사냥에 몰두했고, 곧 서부 지역의 비버도 자취를 감추고 말았어요. 상인들은 서부에서도 비버를 구할 수 없게 되자 다른 동물로 눈을 돌렸어요. 그렇게 해서 찾은 동물이 수달, 담비, 해달 등이었어요. 하지만 동물들의 번식은 소홀히 하고 계속 잡는 데에만 치중한 결과 곧 동물들은 멸종 위기에 처했고, 모피를 구하기도 어려워졌어요. 그러자 상인들은 모피용 동물을 사육하기 시작했어요. 상인들이 사육한 대표적인 동물은 은여우(붉은여우의 변종으로 몸은 전체적으로 검은색이지만 은백색의 광택이 나고, 털 빛깔이 아름답고 매끄러운 것이 특징)였어요.

제2차 세계 대전 이후 모피는 한동안 침체기를 겪었는데, 전쟁 이후에는 밍크(족제빗과 육식 동물)가 사람들의 사랑을 받으며 최고의 모피가 되었어요. 현재 밍크의 최대 사육국은 덴마크와 중국이에요. 이들 나라는 연간 천만 마리 이상의 밍크 모피를 생산하고 있어요. 지금도 모피는 우리 인간의 의류로 많이 사용되고 있어요. 많은 나라에서 모피를 얻기 위해 많은 동물들을 사육하거나 사냥하고 있지요. 예전에는 모피를 얻기 위한 동물 사육이나 사냥이 큰 문제가 되지 않았지만 이제는 상황이 많이 달라졌어요. 많은 동물 애호 단체에서 동물 학대라는 이유로 모피 반대 운동도 펼치고 있어요.

동물 애호 단체에서 모피 반대 운동을 하는 데에는 충분한 이유가 있어요. 예전에는 인간이 생존을 위해 모피를 이용했지만 지금은 굳이 모피를 입을 필요가 없기 때문이지요. 또한 모피를 구하기 위해 살아 있는 동물을 꼭 죽여야 하는지에 대해서도 논란이 많아요. 자연환경과 생태계 보호를 중요시하는 요즘 시대에 모피는 많은 문제가 되고 있는 상황이에요.

여우코트 한 벌을 만들기 위해서는 약 20마리의 여우가 죽임을 당하고, 밍크코트 한 벌을 만들기 위해서는 50마리 이상의 밍크가 죽임을 당한다고 해요. 옷 한 벌을 만들기 위해 꼭 이렇게 수십 마리의 동물을 죽일 필요가 있는지 많은 사람들이 이의를 제기하고 있어요. 모피 반대를 외치는 사람들이 많아지자 세계적인 패션 브랜드 회사들도 모피 가죽을 사용하여 옷이나 가방을 만들지 않겠다고 선언하는 등 지금은 동물 보호 단체의 노력으로 모피를 줄이려는 노력이 전 세계적으로 이루어지고 있어요.

비버 전쟁

    비버 전쟁은 비버 모피를 둘러싼 전쟁을 말해요. 좀 더 정확하게 말하면 비버 등 동물들의 모피 무역을 둘러싸고 갈등을 일으킨 아메리카 인디언 부족들 간의 전쟁이에요. 비버 전쟁은 다른 말로 '이로쿼이족의 전쟁' 또는 '프랑스와 이로쿼이족의 전쟁'이라고도 불러요.

    15세기 후반, 콜럼버스가 아메리카 대륙을 발견한 이후 유럽의 국가들은 새로 발견한 대륙에 식민지를 개척하기 위해 많은 노력을 기울였어요. 네덜란드가 지금의 뉴욕 지역에 먼저 발을 내딛었고, 영국, 스페인, 포르투갈 등은 북아메리카 지역을 개척하려고 시도하고 있었어요. 이들이 북아메리카 지역을 개발하려고 한 것은 그곳에 물고기 등의 자원이 풍부하다는 소문이 퍼졌기 때문이에요.

뒤늦게 소식을 접한 프랑스도 16세기 중반, 신대륙에 프랑스 땅을 만들기 위해 탐험가를 파견했어요. 이때 북아메리카 지역에 온 프랑스 탐험가는 자크 카르티에였어요. 카르티에가 처음 도착한 곳은 지금의 캐나다 땅이었는데, 이곳에서는 이미 원주민들이 생활하고 있었어요. 카르티에는 원주민들과 적대적인 관계를 갖기보다는 친하게 지내려고 노력했어요.

원주민들은 당시 오두막에서 생활하고 있었는데, 그 집을 '카나타'라고 불렀어요. 카르티에는 원주민들에게 이 말을 듣고 프랑스 지도에 자신이 도착한 곳을 'Canada'라고 표기했고, 이것이 오늘날 캐나다의 국명이 되었다고 전해지고 있어요.

카르티에가 만난 원주민은 휴런족, 미크맥족 등이었는데 이들

▲ 모피 무역의 희생양이 된 비버

3. 신대륙 개척의 일등 공신, 모피

은 모두 비버 털로 만든 옷을 입고 있었어요. 당시 유럽에서는 비버 모피가 인기를 끌고 있었기 때문에 카르티에는 원주민들에게 비버 모피를 구입하겠다고 제안했고, 원주민들은 이를 수락했어요. 이렇게 해서 북아메리카 지역의 비버 모피는 유럽으로 들어가게 되었어요.

원주민들도 이때부터 유럽인들에게 총 등의 무기를 구입해서 본격적으로 비버 사냥에 나섰어요. 총으로 사냥을 시작한 원주민들은 이전보다 몇 배나 많은 비버를 잡을 수 있었어요. 반대로 비버의 수는 급속도로 줄어들기 시작했지요.

비버의 수가 줄어들수록 비버 모피의 가치는 더 높아졌고, 북아메리카 지역 원주민들은 비버 모피를 구하기 위해 발 벗고 나섰어요. 비버의 가치가 높아지자 원주민들은 서로 비버 모피의 독점권을 얻기 위해 부족들 간에 치열한 다툼을 벌이기도 했어요.

17세기 초, 프랑스는 북서항로 개척을 위해 샹플랭이라는 퇴역 군인을 북아메리카의 캐나다 지역에 파견했어요. 샹플랭이 캐나다 지역에 도착했을 때 이곳에서는 비버 모피를 얻기 위한 부족들 간의 싸움이 치열하게 진행되고 있었어요.

프랑스는 카르티에 시기부터 비버 모피를 제공하고 있던 북아메리카 원주민 부족인 몽타내족, 알곤킨족, 휴런족 등과 친밀한 관계를 유지하고 있었어요. 그런데 당시 북아메리카 지역에서 가장 세력이 강했던 이로쿼이족은 프랑스와 다른 원주민 부족 간의 비버 모피 무역에 불만을 품고 간섭하려고 했어요. 그러자 프랑스는 이로쿼이족에 전쟁을 선포했어요. 이때부터 프랑스, 프랑스와 친밀한 관계를 유지했던 북아메리카 지역의 원주민들은 이로쿼이족과 치열한 전쟁을 벌여야 했어요.

　이로쿼이족은 프랑스의 도움을 받는 다른 원주민들과 싸우기 위해 네덜란드에 도움을 요청해 신식 무기를 구할 수 있었어요. 신식 무기로 무장한 이로쿼이족과 다른 원주민들은 치열한 전투를 벌였고, 많은 원주민들이 목숨을 잃고 말았어요. 비버 전쟁은 북아메리카 지역의 비버 모피를 얻기 위한 유럽인들의 욕심에서 비롯되었지만, 결과적으로 북아메리카 지역 원주민들에게는 크나큰 피해를 입힌 전쟁이 되고 말았어요.

04.

세계를 움직이는 검은 황금, 석유

KEYWORD 2. **상품**

석유가 없는 세상을 한번 상상해 볼까요? 가장 먼저 자동차가 생각날 거예요. 자동차가 움직이기 위해서 반드시 필요한 게 석유니까요. 자동차가 없는 세상을 상상해 보면 석유가 우리 생활에 얼마나 필요한 존재인지 금방 이해가 될 거예요.

석유(石油)는 '돌에서 나온 기름'이라는 뜻에서 붙여진 이름이에요. 석유를 뜻하는 영어 'Petroleum(페트롤리움)'은 1556년 독일의 광물학자인 게오르크 바우어가 자신의 논문에서 처음 사용한 말인데, 이 말도 '돌'을 뜻하는 라틴어 'Petra(페트라)'와 '기름'을 뜻하는 'Oleum(올레움)'을 합쳐서 만든 이름이었어요.

석유는 수억 년 전에 살다가 죽은 수생 동식물의 유해가 흙이나 모래와 섞여서 수백만 년의 세월 동안 지질학적 변화(높은 압력이나 열, 박테리아 등의 분해)를 거치면서 형성된 거예요. 이렇게 형성된 석유는 어디에나 존재하는 것이 아니라 특별한 지층에서만 볼 수 있는 물질이에요.

오늘날 석유가 발견되는 곳의 지층은 대부분 석유가 다른 곳으로 빠져나가지 않게 굽어 있어요. 이렇게 지층이 굽어 있으면 그곳의 석유는 그대로 땅속에 괴어 있게 되고, 이곳을 파서 파이프를 꽂아 석유(원유)를 뽑아내는 거예요. 이렇게 석유를 뽑아내는 곳을 '유전'이라고 불러요.

석유를 본격적으로 사용하기 전에도 사람들은 석유의 존재를 알고 있었어요. 하지만 석유의 사용 방법을 몰랐기 때문에 지금의 용도와는 다른 곳에 일부 사용될 뿐이었어요. 석유가 생산되고 있는 중동 지역의 유적을 발굴해 보면 과거에는 배의 틈을 막는 방수 용도로 사용되었다는 것을 알 수 있어요.

석유가 배의 틈을 막는 방수용으로 사용되었다는 기록은 성경 〈노아의 방주〉에도 나와 있다고 해요. 또 기원전, 메소포타미아 지역에서는 조각상을 만드는 재료로도 사용했고, 접착제로도 사용한 기록이 남아 있어요. 그 밖에도 석유는 상처를 치료하는 연고제로도 쓰이고, 두통이나 치통에도 사용되었다고 알려져 있어요.

자연 상태 그대로의 석유를 '원유'라고 하는데, 원유는 그 사용 용도가 지극히 적었어요. 앞에서 살펴본 것처럼 방수용이나 조각상 재료, 접착제, 연고 등으로 사용되었을 뿐이에요. 원유를 오늘날처럼 여러 용도로 사용할 수 있게 된 것은 19세기 중엽부터였어요.

　원유를 요즘과 같이 사용하기 위해서는 정유 공장에서 증류하여 정제하는 과정을 거쳐야 해요. 원유는 가열하면 온도에 따라서 여러 가지 형태로 분리되는데, 끓는점이 낮은 것부터 차례로 석유 가스, 휘발유, 등유, 경유, 중유, 찌꺼기(아스팔트) 등을 얻을 수 있어요.(원유에 열을 가해 끓는점에 따라 석유 가스, 휘발유, 등유, 경유, 중유 등을 생산해 내는 최초의 현대식 정유 공장은 1912년 세워졌음)

　석유 가스는 끓는점이 대략 30도 이하에서 얻을 수 있고, 주로 가정용 난방이나 취사용 연료로 사용되고 있어요. 휘발유는 끓는점이 30도에서 200도 사이에서 얻을 수 있고, 자동차나 비행기의 연료로 많이 사용되고 있어요. 등유는 끓는점이 150도에서 280도 사이에서 얻을 수 있고, 램프나 난로, 농업용 발동기, 제트기의 연료로 사용되고 있어요. 경유는 끓는점이 250도에서 350도 사이에서 얻을 수 있고, 주로 디젤 기관의 연료로 사용되고 있어요. 중유는 끓는점이 350도 이상에서 얻을 수 있고, 화력 발전이나 선박의 연료로 사용되고 있어요. 이렇게 원유를 정제하고 나면 아스팔트 같은 찌꺼기가 나오는데, 이는 도로 포장용이나 방수용으로 사용되고 있어요.

　19세기 중엽, 펜실베이니아 출신 변호사 조지 비셀은 우연히 고향에서 석유 샘플을 보고 나서 아이디어 하나가 떠올랐어요. 그건 지금까지 의약품으로만 사용되던 석유를 램프용 기름으로도 사용할 수 있겠다는 생각이었어요.

비셀은 석유 성분을 분석해 달라고 의뢰해 본 결과 석유에서 다양한 물질을 얻어 낼 수 있고, 램프용 기름도 얻을 수 있다는 결론에 도달했어요. 그는 곧바로 투자자들을 모집하여 자신의 고향인 펜실베이니아에 석유 회사를 세우고, 석유 시추(지하자원을 얻기 위해 땅속 깊이 구멍을 파는 일)를 시작했어요.

비셀은 석유 시추 현장 책임자로 에드윈 드레이크를 고용했고, 드레이크는 2년간의 노력 끝에 1859년 드디어 석유 시추에 성공했어요. 드레이크는 굴착기를 이용하여 땅속 20여 미터까지 내려갔고, 마침내 유전을 찾아낼 수 있었지요.

세계 최초로 유전 개발에 성공한 드레이크는 곧바로 펌프를 이용하여 원유를 퍼 올리기 시작했고, 이렇게 퍼 올린 원유는 정제 과정을 거쳐 날개 돋친 듯이 팔려 나갔어요. 근대 석유 산업의 시초는 이때부터라고 볼 수 있어요.

드레이크는 석유 시추로 많은 돈을 벌었지만 주식 투자로 모두 날려 버렸고, 훗날 석유 시추에 성공한 공을 인정받아 펜실베이니아주에서 주는 연금으로 생활하다가 생을 마감했어요. 드레이크는 오늘날 '석유 산업의 아버지'로 평가받고 있어요.

드레이크의 석유 시추 성공으로 인해 세상은 엄청난 변화를 맞이했어요. 가장 큰 변화가 양초나 고래 기름에 의존하던 조명이 등유로 바뀐 거예요. 등유가 나오기 전까지 거리의 가로등에는 대부분 고래 기름이 사용되었어요. 그런 까닭에 고래 기름을 얻기 위해 고래를 잡는 포경은 한때 미국의 대표적인 산업이었어요. 하지만 고래 기름은 가격도 비싸고, 점차 그 수도 줄어들어 쉽게 구할 수 없었어요. 그러자 사람들은 석탄에서 가스를 생산해 내어 조명에 사용했는데 이는 거리의 가로등에만 사용되고, 가정에서는 사용할 수 없었어요. 그리고 이 가스는 폭발의 위험성도 있었어요.

그에 비해 등유는 폭발 위험도 전혀 없고, 가로등뿐만 아니라 가정에서도 손쉽게 사용할 수 있었어요. 이렇게 등유가 대량으로 생산되자 사람들의 생활 패턴도 바뀌었어요. 그동안 고래 기름이 비쌌기 때문에 꼭 필요한 경우가 아니면 램프를 켜지 못했는데, 등유가 나옴으로써 사람들은 밤늦게까지 일을 할 수 있었고, 취미 생활도 할 수 있게 되었어요.

한편 석유의 수요가 늘어나자 많은 사람들이 드레이크처럼 석유 시추에 관심을 갖게 되었고, 그 결과 펜실베이니아주에는 수십

▲ 램프용 기름으로 사용하게 된 석유

개의 석유 회사들이 생겨났어요. 또 원유를 등유로 정제하는 정제 시설들도 늘어났어요. 19세기 말, 텍사스 유전 지대가 등장하기 전까지 펜실베이니아주는 세계에서 가장 많은 원유를 생산하는 곳이었어요.

초기의 석유 회사들은 원유에서 등유만 추출하고, 그 부산물로 나오는 휘발유나 중유 등은 쓸모없는 물질이라고 생각해 그것을 처리하는 데 상당히 애를 먹었어요. 지금처럼 휘발유나 경유, 중유 등의 가치를 깨닫게 된 것은 시간이 한참 지난 19세기 후반이었어요.

1886년 칼 벤츠가 휘발유 자동차를 개발하면서 휘발유의 수요는 폭발적으로 늘어났고, 이때부터 등유와 휘발유는 전세가 역전되었어요. 또 1892년에는 루돌프 디젤이 디젤 엔진을 개발하여 경유가 연료로 사용되는 데 크게 기여했어요. 경유는 1927년부터 자동차 연료로도 사용되기 시작했어요. 특히 경유는 대부분 디젤 엔진의 연료로 사용되기 때문에 '디젤유'라고 불리고 있어요.

석유의 수요가 급격하게 늘어나는 것에 큰 관심을 보인 사람이 한 명 있었는데, 그가 바로 '석유 왕'이라고 불리는 록펠러예요. 록펠러는 미국의 남북 전쟁이 일어나기 전까지 친구와 함께 곡물 중개 회사를 설립하여 운영하고 있었어요. 그러다 전쟁이 터지면서 큰 성공을 거두었고, 조금 여유가 생긴 록펠러는 당시 폭발적인 인기를 끌었던 석유에 관심을 갖기 시작했어요.

록펠러는 원유를 찾는 일에서 한 걸음 더 나아가 원유를 정제하고 그것을 운송하는 일이 더 많은 수익을 낸다는 것을 깨달았어요. 1863년 록펠러는 정유 회사를 설립하고 본격적으로 석유 산업에 뛰어들었어요.

록펠러의 예상대로 정유 회사들은 많은 돈을 벌었어요. 게다가 운송 회사까지 운영한 록펠러는 물류비용까지 줄일 수 있어서 그가 만든 '스탠더드오일'이라는 회사는 단숨에 미국 최대의 석유 회사로 등극했어요.

이것이 끝이 아니었어요. 이때부터 록펠러는 다른 석유 회사들을 인수·합병하기 시작했고, 회사를 만든 지 10년도 되지 않아 미국 전체 석유의 95%를 장악하게 되었어요. 그의 별명처럼 석유 왕이 된 거예요.

원유보다는 정제 기술과 운송이 더 중요하지.

▲ 석유 왕 록펠러

미국에서 석유 산업이 큰 성공을 거두자 유럽의 여러 나라들도 석유 산업에 뛰어들었어요. 대표적인 나라가 러시아와 영국, 프랑스, 스웨덴, 네덜란드 등이었어요. 이들 나라의 자본가들은 석유 회사를 설립해 많은 수익을 거두었고, 이 회사들은 모두 거대 석유 회사로 발돋움했어요.

석유 산업은 미국에서 처음 시작되었지만 지금은 많은 사람들이 석유 하면 중동 지역을 떠올릴 거예요. 현재 사우디아라비아, 이란, 이라크, 쿠웨이트 등 중동의 산유국들은 석유 생산으로 국가 경제를 이끌어 나가고 있어요. 하지만 초기에는 이들 산유국도 큰 이익을 볼 수 없었어요. 왜냐하면 유럽의 거대 석유 회사들이 많은 이권을 가져갔기 때문이에요.

19세기 후반, 석유의 수요가 급증하면서 석유 회사들은 새로운 유전을 찾기 위해 세계 곳곳을 탐험했는데, 이때 가장 많은 관심을 받은 곳이 바로 중동 지역이었어요. 이들이 중동 지역에 관심을 갖게 된 계기는 성경 말씀 때문이었어요. 구약성경 〈노아의 방주〉 이야기에 석유가 방수용으로 사용되었다는 기록이 있었기 때문이에요.

가장 먼저 중동 지역으로 진출한 회사는 영국의 석유 회사(BP, 초기 이름은 앵글로 페르시안 석유)였어요. 이 회사는 무려 8년의 노력 끝에 지금의 이란 자르고스 산맥 지역에서 유전을 찾을 수 있었어요. 이것은 중동 지역에서의 첫 유전 발견이자, 중동 석유 역사의 시작을 알리는 신호탄이었어요.

영국과 미국의 석유 회사들은 이때부터 중동 지역으로 진출해 많은 유전을 발견했고, 막대한 수익을 올릴 수 있었어요. 하지만 당시만 해도 중동의 산유국들은 석유의 채굴법이나 용도를 잘 몰랐기 때문에 수익의 대부분을 석유 회사들이 가져갔어요.

중동의 산유국들이 거대 석유 회사들의 횡포에 맞서서 제 목소리를 내기 시작한 것은 1960년대부터였어요. 중동의 산유국들은 '석유 수출국 기구(OPEC)'를 만들어서 자국의 이익을 되찾기 위해 힘을 모았고, 그 결과 1970년대 후반부터 거대 석유 회사들의 영향력이 줄어들었어요. 이때부터 석유 생산의 권한은 거대 석유 회사에서 산유국의 국영 석유 회사로 넘어갔어요.

석유가 인간 생활에 편리함만 안겨 준 것은 아니에요. 석유로 인해 많은 사람들이 목숨을 잃기도 했어요. 석유가 자원으로서 매우 높은 가치를 지니다 보니 전 세계적으로 석유를 확보하기 위한 싸움이 일어났기 때문이에요.(일명 석유 전쟁, 65쪽 '더 알아보기' 참조) 그 과정에서 전쟁도 발생했고, 그로 인해 많은 물적, 인적 피해가 발생하기도 했어요. 지금까지도 석유를 둘러싼 암투는 진행 중에 있어요.

석유 전쟁

석유는 현재에도 가장 중요한 에너지 자원 중 하나예요. 지금은 석유 외에도 여러 에너지 자원들이 개발되고 있지만 석유가 사용되는 범위에 비하면 그 사용량은 미미하다고 볼 수 있어요.

자동차의 연료뿐만 아니라 우리가 일상생활에서 사용하는 많은 것들이 석유와 관련되어 있어요. 이처럼 석유가 가장 중요한 에너지 자원으로 인간 생활에 자리 잡다 보니 석유를 소유하기 위한 다툼은 예전부터 현재까지 계속 이어지고 있는 실정이에요. 한마디로 석유는 모든 분쟁의 핵심적인 원인이 되고 있어요.

인류 역사상 가장 큰 피해를 입었던 두 차례 세계 대전의 발발 원인 중 하나가 석유 때문이라는 이야기도 있어요. 석유로 인해 일어난 대표적인 전쟁은 '이라크 전쟁'과 '아프가니스탄 전쟁'이에요.

이라크 전쟁은 크게 두 차례에 걸쳐 일어났어요. 첫 번째는 이라크가 일으킨 전쟁이었고, 두 번째는 미국이 일으킨 전쟁이었어요. 두 번의 전쟁 모두 석유가 원인이었어요.

1980년대 중반까지 이라크는 미국과 친밀한 관계를 유지하고 있었어요. 미국이 이라크와 이러한 관계를 유지한 것은 이란을 견제하고 중동 지역에서 석유를 안정적으로 공급받기 위해서였어요. 원래 이라크보다는 이란이 미국과 친밀한 관계였는데 1979년 이란의 팔레비 왕조가 무너지고 미국에 적대적인 호메이니 정권이 들어서면서 미국은 이라크를 우방으로 선택했어요.

미국과 이라크의 관계는 1988년부터 틀어지고 말았어요. 이라크의 후세인 대통령이 1988년 이란과 휴전 협정을 맺고 중동 지역의 패권을 차지하겠다는 야망을 드러냈기 때문이에요. 후세인이 중동 지역의 패권을 차지하기 위해서는 무엇보다 석유 시장을 장악해야 했어요. 그렇게 하려면 석유가 가장 많이 매장되어 있는 페르시아만 지역을 차지해야 했고, 페르시아만에 접해 있는 쿠웨이트를 점령할 수밖에 없었어요.

1990년 8월 이라크의 후세인은 쿠웨이트를 침공하면서 전쟁을 일으켰어요. 이 전쟁을 '걸프 전쟁, 페르시아 전쟁, 제1차 이라크 전쟁'이라 부르기도 해요.

전쟁이 발발하자 국제 사회는 일제히 이라크를 비난하였고, 유엔은 곧바로 이라크에 대한 제재를 가했어요. 또 미국을 비롯하여 34개국 다국적 연합군이 전쟁에 참가했어요. 그 결과 전쟁은

1991년 2월 연합군의 일방적인 승리로 끝을 맺었어요.

전쟁에 패한 이라크는 쿠웨이트에서 철수했고, 이라크 정부는 많은 제재를 받았어요. 전쟁으로 인해 이라크와 쿠웨이트의 많은 산업 시설들이 파괴되었고, 쿠웨이트에 있는 정유 시설이 파괴되어 페르시아만이 오염되기도 했어요. 하지만 이라크의 후세인은 전쟁에 패한 이후에도 자신의 욕심을 버리지 않았고, 계속해서 미국과 갈등을 일으키는 행동을 취했어요. 가장 대표적인 사건이 2000년 11월에 원유 거래를 달러에서 유로화로 바꾼 거예요.

당시 모든 원유 거래는 달러로만 하고 있었어요. 그건 지금도 마찬가지예요. 이라크가 원유 거래를 유로화로 바꾸게 되면 그만큼 미국 경제에도 악영향을 끼칠 수밖에 없었어요. 이뿐만이 아니

▲ 1991년 걸프전 당시 연합군의 기습공격으로 파괴된 이라크 장갑차와 트럭

4. 세계를 움직이는 검은 황금, 석유

었어요. 만약 중동의 산유국들이 이라크처럼 원유 거래를 유로화로 바꾼다면 그건 미국에게는 재앙과도 같은 것이었어요.

미국을 더 불안하게 만든 사건은 중국이 이라크로부터 남부 지역의 유전 개발권을 얻은 일이었어요. 경쟁 관계에 있던 중국이 이라크 내에서 유전 개발권을 얻은 것은 그만큼 미국에게는 타격이었어요. 미국으로서는 더 이상 이라크를 가만히 지켜볼 수만은 없게 된 거예요.

2003년 3월 미국은 이라크가 대량살상무기를 보유하고 있다는 이유를 들어 전격적으로 공격했어요. 하지만 미국의 말을 믿는 사람은 많지 않았어요. 대부분의 사람들은 미국이 이라크의 석유를 확보하기 위해 전쟁을 일으킨 거라고 생각했어요. 실제로 전쟁의 이유가 되었던 대량살상무기는 발견되지 않았고, 결과적으로 미국은 후세인을 제거하여 이라크 지역의 석유 지배권을 확보할 수 있었어요.

2001년 10월에 있었던 미국의 아프가니스탄 침공(아프가니스탄 전쟁)도 석유 때문이라고 알려져 있어요. 당시 카스피해 유역에서 엄청난 규모의 유전이 발견되었는데, 미국은 이 유전에 관심이 많았어요. 미국이 이 유전의 지배권을 확보하기 위해서는 아프가니스탄을 지배하고 있던 탈레반 정권과의 관계가 중요했어요. 하지만 탈레반 정권은 미국의 말을 듣지 않았어요.

이런 상황에서 2001년 9월 11일에 터진 세계무역센터 테러는 미국이 아프가니스탄을 침공할 수 있는 기회를 제공했어요. 테러의 배후자인 오사마 빈 라덴이 만든 알카에다 조직을 탈레반이 지원하고 있었기 때문이에요.

미국은 테러의 배후인 오사마 빈 라덴과 알카에다를 제거하기 위해 전격적으로 아프가니스탄을 침공했고, 탈레반 정권은 무너졌어요. 탈레반 정권이 무너지자 미국은 곧바로 친미 성향의 인물을 아프가니스탄의 대통령에 앉히고, 아프가니스탄과 카스피해 송유관 사업을 체결했어요. 전쟁의 주목적은 테러 배후자를 제거하는 것이었지만 그 이면에는 석유가 있었던 거예요.

제3장

음식

우리 인간이 생활하는 데 있어 가장 기본적으로 필요한 3가지를 '의식주'라고 해요. 옷, 음식, 집은 인간에게 꼭 필요한 것들이지만 만약 이 3가지 중 한 가지만 선택할 수 있다면 여러분은 어떤 것을 선택하겠어요? 아마 고민할 것도 없이 쉽게 하나를 선택할 거예요. 그건 바로 '음식'이지요.

인간은 먹지 않고는 삶을 영위할 수 없어요. 며칠 동안은 먹지 않고도 살 수 있겠지만 먹지 않으면 인간은 죽을 수밖에 없는 동물이에요. 그러니까 옷이나 집은 없어도 살 수 있지만 음식이 없는 삶은 상상할 수도 없지요.

어떤 사람은 '인간의 역사는 곧 음식의 역사'라고 말하기도 해요. 왜냐하면 인류의 탄생부터 음식은 시작되었고, 지금까지 음식은 인간의 삶과 항상 같이하고 있기 때문이에요. 초기 인류는 오로지 살기 위해서 음식을 먹었고, 그렇게 음식을 섭취함으로써 동물들 중에서 가장 강력한 힘을 발휘하는 존재가 될 수 있었어요.

초기에 인류가 수렵·채취 생활을 하다 정착 생활을 시작한 것도 어떻게 보면 음식을 안정되게 확보하기 위해서였어요. 수렵·채취 생활로는 음식의 확보가 불안정했고, 인구가 늘어남에 따라 음식의 수요도 늘어나 많은 음식을 안정되게 확보할 필요가 있었어요. 이런 생각에서 시작된 것이 농사였어요. 농사를 짓게 되면 이동하지 않아도 한곳에서 많은 음식을 생산할 수 있었기 때문이지요.

과거에는 인간이 먹을 수 있는 음식의 종류도 많지 않았어요. 자연에서 쉽게 구한 음식만으로도 충분히 생활할 수 있었기 때문이에요. 하지만 인구가 늘어남에 따라 자연에서 얻는 음식만으로는 삶을 영위할 수 없게 되었어요. 인구가 증가한 만큼 음식도 더 필요했어요. 굶어 죽지 않기 위해서는 더 많은 음식을 찾아야 했어요. 기존에는 못 먹던 음식을 새로운 방법을 사용하여 먹을 수 있게 바꾸기도 했고, 새로운 발명으로 많은 소출을 올리는 음식이나 오래 보관해 먹을 수 있는 음식도 생겨났어요.

음식은 그 자체로 인간의 삶을 바꾸어 놓기도 했지만, 각각의 음식들은 우리의 삶에 많은 변화를 가져다주기도 했어요. 어떤 음식은 대제국을 건설하는 데 혁혁한 공을 세우기도 했고, 어떤 음식은 수많은 인간의 목숨을 살리기도 했어요. 또 어떤 음식은 한 나라의 경제를 책임지기도 했고, 어떤 음식은 새로운 땅을 찾는

데 공헌하기도 했어요.

이번 장에서는 인류 역사상 가장 큰 땅을 차지했던 몽골 제국의 설립자 칭기즈칸을 있게 한 음식 '육포'와 수많은 사람들을 기아에서 살린 음식 '감자'에 대해 알아볼 거예요. 칭기즈칸이 대제국을 건설하는 데 육포는 어떤 역할을 했을까요? 또 감자는 어떻게 우리 인류를 기아에서 구했을까요?

05. 대제국 건설의 공로자, 육포

KEYWORD 3. **음식**

인류 역사상 가장 큰 영토를 차지한 왕은 누구일까요? 어떤 사람은 로마 제국 시대 황제라고 말하기도 하고, 어떤 사람은 알렉산더 대왕 또는 나폴레옹이라고 말하기도 해요. 물론 이들은 당시에 대제국을 건설한 사람들이었어요. 하지만 이들 대제국 모두 칭기즈칸이 차지한 땅에 비하면 작은 부분에 불과했어요.

13세기에 몽골 제국을 건국해 전 세계를 호령했던 칭기즈칸은 그야말로 어마어마한 땅을 자신의 지배하에 두었어요. 그가 정복한 땅은 지금의 중국과 몽골 전체, 중앙아시아, 러시아와 유럽 일대까지였어요.

칭기즈칸은 어떻게 이처럼 위대한 일을 해낼 수 있었을까요? 많은 사람들이 그 이유로 몽골 군대의 기동력을 꼽고 있어요. 몽골 민족은 전통적인 유목 민족이에요. 넓은 초원을 이동하면서 말이나 소 등을 키워서 생활하는 민족이지요. 몽골 민족에게 말은 떼려야 뗄 수 없는 동물이었고, 몽골 민족은 이 말을 이용하여 세계를 정복할 수 있었던 거예요.

전쟁에서 승패를 가르는 건 여러 가지가 있지만, 과거에는 빠르게 이동할 수 있는 기동력이 무엇보다 중요했다고 해요. 몽골의 기마병들은 보통 하루에 말 여러 마리를 이끌고 200킬로미터 이상을 이동했다고 전해지고 있어요. 당시로서는 엄청나게 빠른 속도였지요. 이런 기동력은 전쟁에서 매우 중요했어요. 상대방의 허를 찌르는 공격이 가능했기 때문이에요. 몽골 군대는 강한 기동력으로 적들이 생각하지 못한 시간과 장소에서 기습적으로 공격을 감행하여 대제국을 건설할 수 있었어요. 그런데 몽골 군대의 기동력을 가능하게 한 요인이 한 가지 있었어요. 그건 다름 아닌 '육포'였어요.

아무리 기동력이 뛰어난 군대라고 해도 먹지 않고는 힘을 발휘할 수 없어요. 어떤 사람은 전쟁에서 보급을 담당하는 부대가 가장 중요하다고 이야기하는데, 배부르게 먹은 군대가 그만큼 싸움도 잘할 수 있기 때문이지요.

옛날에 전쟁이 일어나면 싸움을 하는 병사들 뒤로 항상 음식을 공급하는 보급 부대가 따라다녔어요. 《삼국지》에서도 제갈량이 상대방의 보급 부대를 공격하여 전쟁에서 이긴 경우를 볼 수 있어요. 또 임진왜란 당시에도 이순신 장군이 일본의 보급 부대를 차단하여 일본군에게 큰 피해를 입히기도 했어요.

이처럼 전쟁 중에는 식량을 공급하는 보급 부대가 무엇보다 중요했기 때문에 어떤 경우에는 전투병보다 보급 부대가 더 많을 때도 있었다고 해요. 그런데 전쟁 중에는 보급 부대와 함께 움직여야 했기 때문에 보통의 군대는 기동력이 떨어질 수밖에 없었어요.

몽골 군대가 기동력이 뛰어났던 것은 보급 부대 없이도 싸움을 할 수 있었기 때문이에요. 그건 육포 덕분이었어요. 몽골 군대는 육포를 말안장 밑에 넣고 다니면서 식사를 해결했고, 그렇게 해서 기동력을 발휘할 수 있었던 거예요.

그렇다면 몽골 사람들은 어떻게 육포를 만들었을까요? 당시 몽골 군대가 먹었던 육포는 요즘 우리가 알고 있는 말린 고기 형태도 있었지만, 육포를 갈아서 만든 육포 가루도 있었어요. 몽골에서는 이 육포 가루를 '보르츠'라고 불렀어요.

몽골 군대는 겨울이 되면 소를 잡아서 살코기 부분만 발라냈어요. 이렇게 발라낸 살코기는 작은 크기로 잘라서 줄에 매달아 놓았어요. 이 고기가 바짝 마르게 되면 이것(육포)을 절구 같은 곳에 넣어 빻거나 갈아서 가루로 만들었어요. 이 가루가 바로 보르츠예요.

몽골 군대는 보르츠를 깨끗하게 씻은 소의 위나 오줌보 안에 넣어서 말안장 밑에 깔고 다니면서 물에 불려 먹었어요. 가루를 물에 불려 먹는 것이 어떻게 식사가 될 수 있느냐고 생각할지도 모르지만 보르츠는 한 끼 식사로 충분했다고 해요. 보르츠는 무엇보다 단백질이 풍부했고, 배 속에 들어가면 부풀어 올랐기 때문에 배고픔을 충분히 해소시켜 줄 수 있었어요. 당시 보르츠 한 자루만 있으면 10여 명의 병사들이 약 보름 동안 먹을 수 있었다고 해요.

전쟁 중에 보르츠는 정말 효과적인 음식이었어요. 보급 부대를 기다릴 필요도 없었고, 불을 피우지 않고 먹을 수 있어서 적에게 쉽게 노출되지도 않았어요. 또 먹기도 간편하고 가벼워서 이동하는 데 전혀 어려움이 없었기 때문에 몽골군은 기동력을 이용하여 기습 작전으로 적을 물리칠 수 있었던 거예요.

어떤 사람들은 당시 보르츠를 보관했던 소의 위나 오줌보 하나에 소 한 마리 전체가 들어갔다고도 이야기해요. 이런 말이 나

▲ 육포를 만들기 위해 작은 크기로 잘라 줄에 매달아놓은 살코기

제3장. 음식

온 것은 보르츠를 만들 때 순수한 살코기만을 사용했기 때문이에요. 소를 잡게 되면 가죽이나 지방, 뼈, 내장, 힘줄 등은 전부 제거하고 순수한 살코기만 골라 말렸기 때문에 그 양이 많지 않았을 거라고 생각하는 거지요. 또 말린 고기를 갈아 가루로 만들었기 때문에 그 부피는 크지 않았을 거라고 보는 거예요. 그러니까 당시 몽골 병사들은 각자 말안장 밑에 소 한 마리를 넣고 다니면서 전쟁에 임했고, 식사 시간을 줄여서 신속한 기동력으로 적을 물리칠 수 있었던 거예요.

육포 외에도 몽골에서 유래된 음식이 또 있어요. 햄버거에 들어가는 다진 고기 '패티'도 몽골에서 유래되었다고 전해지고 있어요. 패티는 보르츠와 비슷한 방식으로 만들어졌는데, 과거 몽골인

▲ 말안장 밑에 육포 가루를 넣고 다녔던 칭기즈칸

5. 대제국 건설의 공로자, 육포

들은 양고기나 소고기를 잘게 썰거나 작은 덩어리로 만들어 말안장 밑에 넣고 다니면서 먹었다고 해요. 말안장 밑에 넣어 둔 고기는 이동할 때의 충격으로 육질도 연해지고, 말의 체온으로 숙성되어 먹기도 편했다고 해요.

고기를 다져서 덩어리로 만든 것은 이동할 때 쉽게 먹기 위함이었는데, 이런 방법은 몽골이 세계를 정복하면서 다른 지역으로 퍼졌어요. 나중에 다진 고기 덩어리는 독일의 함부르크 지역에서 '햄버그스테이크'로 발전했어요. 이것을 우리나라에서는 일본식 발음인 '함박스테이크'라고 불렀어요. 또 햄버그스테이크가 미국으로 넘어가 부드러운 빵 사이에 끼워서 먹게 된 것이 오늘날의 햄버거예요.

서양식 육회라고 불리는 '타르타르'도 몽골에서 유래되었다는 이야기가 있어요. 서양인들은 날고기를 잘 안 먹는데, 예외적으로 날고기로 만든 '스테이크 타르타르'는 즐겨 먹는다고 해요. 타르타르는 다진 날고기에 소금, 후추, 달걀 등을 넣어서 잘 섞은 요리를 말해요.

13세기에 칭기즈칸은 중앙아시아와 동유럽 일대를 평정했어요. 칭기즈칸은 이들 지역을 정복하면서 항복한 자는 살려 두었지만, 대항한 자들은 단 한 명도 살려 두지 않고 몰살시켜 버렸어요. 유럽인들은 몽골 군대의 잔인함에 경악했고, 몽골의 한 부족이었던 '타타르족'과 라틴어로 지옥을 뜻했던 '타르타로스'를 연관 지어 몽골 군대를 '타르타르인'이라고 불렀어요.

유럽인들은 몽골 군대가 다진 날고기를 가지고 다니면서 먹었던 것을 보고 다진 날고기를 먹기 시작했고, 몽골인들을 지칭하는 '타르타르'라고 부르게 된 거예요. 나중에 타르타르를 익혀 먹게 된 것이 함부르크 지역의 햄버그스테이크라고 볼 수 있어요.

육포가 없었다면 칭기즈칸은 세계를 정복할 수 있었을까요? 분명한 것은 육포가 있었기 때문에 칭기즈칸은 역사상 가장 큰 제국을 건설할 수 있었다는 사실이에요. 그런 의미에서 육포는 세계 지도를 바꾼 음식이었다고 볼 수 있지요.

몽골인의
독특한 생활 풍습

 유목 민족이었던 몽골인들은 자주 이동했기 때문에 튼튼하고 안정된 집을 지을 필요가 없었어요. 오늘날 집은 한곳에 오래 정착하기 위해 짓는 것이지만 몽골인들에게는 잠시 머무는 임시 공간이었어요. 그러다 보니 언제든지 이동이 가능하게 집을 지어야 했어요. 요즘은 도시에서 집을 짓고 정착하는 몽골인들도 많지만, 아직까지 유목 생활을 하는 몽골인들은 전통 가옥에서 생활하고 있어요.

 몽골인들의 전통 가옥을 '게르'라고 불러요. 게르는 흙과 돌을 이용하지 않고, 나무 기둥에다 양털 같은 것을 덮어서 만든 집이에요. 지금의 텐트나 사방이 막힌 천막 같은 것을 생각하면 돼요. 게르의 크기는 보통 7~8평 정도인데, 게르의 중앙에는 몽골인들이 신성시하는 난로가 놓여 있어요. 몽골인들은 난로를 신성시하기 때문에 난로를 손상시키는 행동은 죄악이라고 생각해요.

만약 누군가 난로에 쓰레기를 버리거나 난로를 향해 발을 뻗거나 물을 붓는 행위를 하면 그 사람과는 싸움이 일어날지도 몰라요. 몽골인의 전통 가옥인 게르 안에서는 지켜야 할 규칙도 있어요. 게르 안으로 들어올 때에는 문지방을 밟아서도 안 되고, 게르 기둥에 손을 대서도 안 돼요. 또 게르 안에서 휘파람을 불어서도 안 돼요.

몽골인들은 인사법도 조금 독특해요. 또 도시와 지방의 인사법이 서로 다른 것도 특징이에요. 도시 사람들은 남녀 구별 없이 만나면 악수를 하고 가볍게 포옹하는 것이 인사예요. 때로는 양쪽

▲ 몽골인들의 전통 가옥 '게르'

5. 대제국 건설의 공로자, 육포

빰을 번갈아 맞대며 친근감을 표시하기도 해요. 이는 러시아의 영향을 받은 인사법인데, 몽골이 러시아와 인접해 있기 때문에 자연스럽게 영향을 받은 거예요. 그런데 지방에서는 사람들이 만나면 먼저 가축의 안부를 묻고 난 뒤 사람의 안부를 묻는다고 해요. 지방에서는 가축을 기르는 사람들이 많고, 또 가축이 소중하기 때문에 이런 인사를 하는 거예요.

또 몽골에는 노인들이 어린아이에게 친근감을 표시하는 독특한 인사법이 있어요. 노인들은 애정을 표시하는 의미로 아이들의 이마에 코를 대고 냄새를 맡듯 몇 번 킁킁거리는 풍습이 있어요.

몽골인들의 술 문화 또한 특별한데, 이들은 술을 마실 때 반드시 많이 취하는 것이 예의라고 해요. 또 술에 취해서 한 행동에 대해서도 매우 너그러운 편이에요. 특히 남의 집을 방문했을 때에는 주인의 초대에 감사하다는 의미로 취한 모습을 보여 주는 것이 좋다고 해요. 몽골인들의 이런 술 문화는 과거 역사에서 유래를 찾을 수 있어요.

옛날에 몽골에서는 여러 부족들이 세력 다툼을 벌이는 경우가 많았어요. 그런데 어떤 부족이 다른 부족의 집을 방문해서 취한 척하고 있다가 주인을 몰래 죽이고 재산을 뺏는 일이 자주 일어났어요. 그래서 주인을 안심시키려고 진짜로 취하도록 술을 마시는 풍습이 생겼다고 해요.

06.

인류를 기아에서 구해 낸 음식, 감자

KEYWORD 3. **음식**

감자는 현재 전 세계인이 즐겨 먹는 음식이에요. 감자를 한 번도 먹어 보지 못한 사람은 아마 없을 거예요. 하지만 감자가 우리 식탁에 자리 잡기까지는 여러 어려움이 있었어요.

감자는 남아메리카의 안데스 산지에서 처음 발견되어 유럽에 전해졌다고 알려져 있어요. 콜럼버스가 신대륙을 발견하지 않았다면 감자가 유럽인들에게 그렇게 빨리 전해지지 못했을 거예요. 당시 신대륙을 발견한 스페인 사람들은 남아메리카 잉카 제국의 원주민들이 먹었던 감자에 큰 관심이 없었어요. 그런 까닭에 감자가 유럽으로 전해진 것은 신대륙을 발견하고도 한참이 지난 16세기 중반이었어요.

별 관심도 없었던 감자가 유럽으로 전해지게 된 것은 오랜 항해에도 상하지 않아 음식으로 사용하기에 적절했기 때문이에요. 하지만 유럽 사람들은 남아메리카에서 들어온 감자에 큰 관심을 보이지 않았어요. 미개한 민족이 먹던 음식이라는 이유도 있었지만 감자의 울퉁불퉁한 모양이 마음에 들지 않았고, 어둠이 지배하는 땅속에서 자라는 열매라고 생각하여 '악마의 열매'라는 인식이 강했어요. 결정적인 이유는 감자에 독성분이 있다는 것이었어요.

초기에 감자의 사용법을 잘 몰랐던 유럽인들은 감자의 싹과 초록색으로 변한 부분까지 먹는 경우가 많았어요. 감자의 싹과 초록색으로 변한 부분에는 '솔라닌'이라고 하는 독성분이 들어 있어요. 또 감자의 잎에도 독이 들어 있는데, 이런 사실을 잘 모르고 싹과 잎까지 먹다 보니 감자를 먹고 중독되는 사람들이 많았어

▲ '솔라닌'이라고 하는 독성분이 들어 있는 감자의 싹과 초록색으로 변한 부분

제3장. 음식

요. 이런 이유로 사람들은 감자가 독성 식물이라고 생각하게 되었고, 주로 가축의 사료로만 사용했어요.

우스운 이야기지만 한때 중세 유럽에서는 감자를 악마의 식물이라고 하여 종교 재판에 회부한 적도 있었어요. 재판장은 감자에 유죄 판결을 내렸고, 감자는 곧바로 화형에 처해졌다고 해요.

이렇게 천대받던 감자를 가장 먼저 재배한 곳은 아일랜드였어요. 17세기 초반, 영국의 지배를 받던 아일랜드 사람들은 항상 빈곤한 생활을 하고 있었어요. 그런데 감자는 추운 지방에서나 척박한 토양에서도 잘 자랐고, 생산량도 많았기 때문에 아일랜드 국민들의 배고픔을 해결해 주는 가장 귀한 음식이 될 수 있었어요. 19세기 초, 감자 덕분에 아일랜드의 인구는 약 500만 명이나 증가했다고 해요.

한편 아일랜드 국민들을 배고픔에서 건져 주었던 감자는 반대로 아일랜드 국민을 100만 명 이상 죽음으로 몰고 간 원인이 되기도 했어요. 1840년대에 들어서면서 감자 역병이 발생하여 감자를 주식으로 삼았던 아일랜드에 대기근이 발생했기 때문이에요. 감자 외에는 먹을 것이 별로 없었던 아일랜드 사람들은 굶주림 속에 약 100만 명 이상 목숨을 잃고 말았어요.

감자의 역병은 증식 방법에 문제가 있을 때 발생하는데, 이를 해결하기 위해서는 여러 품종의 감자를 함께 재배해야 해요. 하지만 아일랜드 국민들은 감자를 주식으로 삼다 보니 가장 많은 수량을 생산하는 한 품종의 감자만 선택하여 전국적으로 보급했어

6. 인류를 기아에서 구해 낸 음식, 감자

요. 그 탓에 역병이 발생하면서 전국의 모든 감자가 병에 걸려 치명타를 입었던 거예요.

감자의 역병으로 인한 대기근은 아일랜드 사람들에게 급격한 변화를 가져다주었어요. 많은 사람들이 굶주림에 목숨을 잃었을 뿐 아니라 굶주림으로 고통받던 사람들은 살기 위하여 고향을 떠날 수밖에 없었어요. 당시 감자의 역병으로 인해 아일랜드를 떠나 신대륙으로 간 숫자가 약 400만 명에 달했다고 해요.

이렇게 신대륙으로 떠났던 아일랜드 이민자들은 오늘날 세계 최강국 미국을 건설하는 데 가장 중심적인 역할을 했어요. 과거 미국 사회를 이끌었거나 현재 미국 사회를 이끌어 나가고 있는 사람들 중에 아일랜드 출신이 많다고 해요. 조금 과장된 표현일지 모르지만 감자가 없었다면 오늘날 최강국 미국은 없었을지도 몰라요.

아일랜드에서 감자가 주식으로 인기를 끌 무렵, 독일에서 감자 보급에 적극적인 사람이 한 명 있었어요. 당시 유럽에서는 이웃 나라들과 자주 분쟁이 일어났는데, 전쟁이 일어나면 가장 큰 문제가 식량이었어요. 전쟁으로 인해 많은 농작물들이 피해를 입었고, 그러다 보니 병사들이나 국민들이 먹을 식량이 부족했어요. 이런 가운데 자국의 식량난을 해결하기 위해 감자 보급에 나선 사람이 프로이센(독일)의 왕 프리드리히 2세였어요.

18세기 프로이센은 이웃 나라인 프랑스, 러시아, 오스트리아 등과 7년이나 전쟁을 벌였어요. 프로이센은 다행히 승리를 거두었지만 전쟁으로 인해 식량 부족 사태를 겪어야 했어요.

프리드리히 2세는 식량 문제를 해결하기 위해 가축 사료로 쓰던 감자를 식량 대용으로 사용하기로 마음먹었어요. 하지만 국왕의 생각과 달리 국민들은 감자를 멀리했어요. 심지어 감자를 보는 즉시 불에 던져버렸어요. 그러자 국왕은 감자밭에 근위병을 세워 국민들의 호기심을 부추겼어요. 감자가 근위병을 세워서 지킬 정도로 중요한 음식이라는 것을 알리기 위해서였어요. 여기에서 한 걸음 더 나아가 국왕은 감자를 귀족들만 먹을 수 있다는 포고령까지 내렸어요.

국왕의 이런 전략은 적중했어요. 감자를 멀리하던 국민들은 점차 감자를 먹게 되었고, 적극적으로 재배하게 되었어요. 오늘날

▲ 독일에서 감자를 식량으로 처음 사용한 프리드리히 2세

6. 인류를 기아에서 구해 낸 음식, 감자

독일은 '감자의 나라'로 불릴 정도로 감자를 중요하게 생각하고 있으며, 식탁에서 빠지지 않는 대표 음식이 되었어요.

감자는 먹을 것이 없었던 시절 우리 인류를 굶주림에서 구해 주기도 했지만, 목축업에서도 큰 역할을 한 음식이었어요. 유럽은 목축업이 많이 발달했지만 겨울에는 가축들에게 먹일 식량이 부족하다는 게 고민거리였어요. 이런 고민을 해결해 준 것이 바로 감자였어요. 감자가 긴 겨울 동안 가축의 먹이로 사용되었기 때문이에요.

풀을 주식으로 하는 소는 감자를 먹지 않지만 잡식성인 돼지에게는 알맞은 사료였어요. 감자로 인해 겨울에도 돼지 사육이 가능해졌고, 돼지고기는 식탁을 더욱 풍성하게 해 주었어요. 또 감자가 보급된 이후 유럽에서는 겨울 동안 돼지고기나 소고기를 이용하여 다양한 요리가 발달할 수 있었고, 많은 나라들이 고기를 주식으로 하는 육식 국가로 발전할 수 있었어요. 이쯤 되면 감자를 두고 세상을 바꾼 음식이라고 부를 수 있지 않을까요?

감자의
특성과 용도

감자는 가짓과에 속하는 일년생 식물인데, 덩이줄기(땅속줄기의 끝부분이 부풀어 오름)를 먹을 수 있는 것이 특징이에요. 감자는 전 세계 많은 나라에서 재배되고 있으며, 생산량에서도 세계 5위 안에 드는 식물이에요. 러시아, 중국, 미국 등 땅이 큰 나라들이 많이 재배하고 있어요.

감자의 원산지는 남아메리카 안데스 산지로 알려져 있고, 4세기경부터 재배했을 것으로 추정하고 있어요. 신대륙 발견 이후 감자는 유럽으로 전파되었고, 우리나라는 1824년 만주의 간도 지방에서 전래되었다고 알려져 있어요.(1832년 영국 상선에 의해 처음 들어왔다는 이야기도 있음)

이웃 나라인 중국과 일본은 우리나라보다 빨리 감자가 전래되었어요. 일본은 17세기 초에 네덜란드와 교역을 하면서 감자를 수입할 수 있었고, 18세기부터 본격적으로 재배했어요. 중국은 일본보다 조금 늦은 17세기 후반에 네덜란드 선교사에 의해 전래되었어요. 인구가 많았던 중국에서 감자는 대기근이 들었던 1959년경 대규모로 재배되기 시작했고, 중국인들을 굶주림에서 구해 냈어요.

감자는 서늘한 기후에서 잘 자라는 식물로, 주로 3월 하순부터 4월 하순경에 파종해요. 씨로 쓸 감자는 퇴화가 심하기 때문에 고랭지에서 구한 씨감자를 사용하는 것이 좋아요. 6월 하순부터 9월 상순에 걸쳐서 수확하는데, 여름에 심어 늦가을에 수확하는 경우도 있어요.

감자는 키가 50~100센티미터 정도예요. 잎은 나선형으로 배열되어 있고, 길이는 20~30센티미터 정도 크기예요. 기는줄기는 땅속줄기로부터 뻗어 나오는데, 기는줄기의 끝이 비대해져서 보통 2~3개에서 많게는 20개 이상 덩이줄기를 만들어요. 모양과 크기는 다 다르고, 무게는 보통 300그램에서 1.5킬로그램 이상 나가는 것도 있어요. 감자의 색은 흰색에서 노란색을 띠지만 자주색인 것도 있어요.

감자에는 '솔라닌'이라는 독성 물질이 있어요. 이 독성분은 가짓과 식물에 보편적으로 들어 있는데, 감자에 들어 있는 솔라닌의 함량은 부위에 따라 달라요. 씨눈 부분에 가장 많고, 햇볕에 쪼여 녹색으로 변한 부분에도 상당량 있어요.

감자는 수분이 80%이고, 그 외 대부분은 전분(녹말)이에요. 전분에는 칼륨, 인산이 많이 함유되어 있고, 채소에 많이 들어가 있는 '비타민 C'도 풍부하다고 해요.

감자는 장기간 저장할 수 있고, 먹으면 포만감을 주기 때문에 일찍부터 주식으로 사용되어 왔어요. 일부 국가에서는 식용보다 가축의 사료로 더 많이 사용되기도 해요.

우리나라에서는 강원도 감자가 유명한데, 이는 강원도의 기후 조건이 감자 재배에 적합하고, 다른 품종에 비해 수확량이 많기 때문이에요. 또 강원도는 산이 많아 벼를 재배할 수 있는 논이 부족했는데, 감자는 강원도의 이런 지리적 환경에도 아주 안성맞춤이었지요.

우리나라에서는 주로 감자를 쪄서 간식으로 먹는 경우가 많은데, 감자의 주생산지인 강원도에서는 감자밥, 수제비, 조림, 부침 등 다양한 방식으로 감자를 요리해 먹었어요. 또 감자는 당면, 엿, 통조림 등 다양한 가공식품에 이용되기도 해요.

제4장

신소재

　'신소재'란 지금까지 없었던 새로운 소재나, 새로운 기술과 결합한 소재를 통틀어 이르는 말이에요. 또한 기존에 사용하던 여러 가지 소재에 새로운 기술이 결합하여 특수한 기능과 성질을 갖도록 만든 재료도 포함돼요. 쉽게 말해 '새로운 재료'라는 의미예요.

　우리 인간은 오랜 옛날부터 신소재를 개발하여 생활해 왔어요. 이런 신소재의 개발은 인류가 발전하는 데 매우 중요한 역할을 했어요. 오늘날 인류가 누리고 있는 첨단의 과학 문명은 모두 신소재가 만든 결과라고 볼 수 있지요.

　그렇다면 어떤 것이 신소재일까요? 신소재는 시대적인 개념으로 생각해 볼 수 있어요. 우리가 주위에서 흔히 볼 수 있고, 많은 곳에 사용되고 있는 '철'은 요즘 개념으로 생각하면 신소재가 아닐 수도 있지만 처음 철이 만들어졌을 때에는 첨단의 신소재였어요. 가장 쉬운 예를 하나 들어 볼게요. 인류의 역사를 시대로 구분할 때 '석기 시대, 청동기 시대, 철기 시대' 등으로 나누는 경우가 있어요. 이처럼 한 시대를 가리키는 명칭에 재료(당시에는 신소재)의 이름을 사용하는 것은 그만큼 재료가 인류의 발전에 중요한 역할을 했다는 의미예요.

석기를 사용하던 민족들은 청동기를 사용하는 민족에게 제압당했고, 청동기를 사용하던 민족들은 철기를 사용하는 민족에게 자리를 양보했어요. 새로운 재료를 사용하는 민족이 세계를 지배하며 인류의 역사를 발전시켜 나갔던 거예요.

철기 시대 이후 재료를 사용하여 시대를 구분하는 일반적인 명칭이 없는 것을 보면 철이라는 물질이 얼마나 대단한 신소재였는지 알 수 있어요. 굳이 재료를 사용하여 지금 시대를 말하라고 한다면 '플라스틱 시대'라고 부를 수 있지 않을까요? 이 말에 동의하는 사람들도 있고, 그렇지 않은 사람들도 있을 거예요. 동의하는 사람들은 플라스틱이라는 신소재의 활용 범위를 인정하는 것이고, 그렇지 않은 사람은 플라스틱보다 더 넓게 인간 생활을 지배하는 신소재가 있다고 믿기 때문이겠지요.

지구상에 존재하는 물질의 수는 수없이 많지만 그중에서 우리 인간에게 유용한 재료는 그다지 많지 않아요. 여러 조건이 충족되지 않으면 재료로 사용할 수 없기 때문이지요. 인간에게 유용한 재료란 어떤 것일까요? 그것은 만드는 방법이나 사용 방법, 용도에 따라 여러 가지 조건들이 있을 거예요. 그 조건을 모두 충족한 재료들이 우리 인간의 선택을 받아 삶을 발전시켜 왔어요.

초기에 인류는 돌, 나무 등 자연에서 얻은 재료를 그대로 사용했지만 점차 청동, 철과 같이 자연에서 얻은 물질을 가공하여 새로운 재료를 만들어 사용했어요. 여기에서 더 나아가 플라스틱 같은, 자연에서 얻기 힘든 인공 재료도 만들어 사용하게 되었어요. 이처럼 재료는 진화해 왔고, 앞으로도 점점 더 진화할 거예요.

그렇다면 앞으로는 어떤 신소재가 개발되어 시대를 이끌어 나갈까요? 과학이 발전하면 할수록 당연히 획기적인 신소재도 개발될 거예요. 요즘은 신소재를 자연에서 찾거나 개량하지 않고 여러 가지 물질을 합성해서 창조해 내는 경우가 많아요.

여러분은 어떤 신소재가 개발되기를 바라나요? 여러분이 미래에 상상하는 많은 것들이 어쩌면 곧 신소재로 나올 수도 있을 거예요. 최근 가장 가능성이 높은 신소재로 '메타 물질'을 꼽고 있어요. 메타 물질로 구현할 수 있는 대표적인 물건이 바로 '투명 망토' 같은 거예요. 영화에서나 봤던 투명 망토가 현실이 될 수도 있다니 놀라울 따름이에요. 또 메타 물질을 이용하면 소음도 줄일 수 있다고 하니, 아파트 층간 소음으로 갈등을 빚고 있는 사람들에게는 매우 희망적인 소식이지요.

이번 장에서는 대표적인 신소재라 할 수 있는 '철'과 '플라스틱'에 대해 알아볼 거예요. 철과 플라스틱은 우리가 사는 세상을 어떻게 바꾸어 놓았고, 또 미래에는 어떤 역할을 하게 될까요?

07.

문명과 산업 발전의
원동력,
철

KEYWORD 4. **신소재**

'철'은 '쇠'라고도 하는데, 인간 생활에 가장 유용한 금속 원소 중 하나예요. 철은 지구상에서 탄소, 규소, 알루미늄 다음으로 많이 분포되어 있고, 금속 원소 중에서는 알루미늄 다음으로 많아요. 철은 그 자체로는 은백색의 광택이 나는 금속인데, 이런 순수한 철을 자연에서 바로 얻는 것은 아니에요. 철은 주로 철광석의 형태로 땅속에 묻혀 있어요. 철을 사용하기 위해서는 땅속에 묻혀 있는 철광석을 캐낸 다음, 여기에서 철을 추출해 내야 해요.

우리 몸속에도 소량의 철이 들어 있어요. 우리 몸속에 있는 철은 대부분 폐에서 신체 각 부위로 산소 분자를 공급하는 헤모글로빈에 있어요. 우리 몸은 필요로 하는 양의 철이 없으면 철 결핍증에 걸리기 때문에 음식을 통해서 철을 섭취해 주어야 해요.

현재 우리 주위를 둘러보면 철을 사용하지 않은 것이 별로 없어요. 우리가 살고 있는 집도 철을 사용하여 지었고, 우리가 타는 자동차나 기차 등도 모두 철을 사용하여 만든 거예요. 그 밖에도 철이 사용된 물품은 수없이 많아요.

만약 철이 없었다면 우리 인간은 어떻게 살았을까요? 인간은 철을 발견하여 문명의 발전을 이루었어요. 철이 없었다면 아마도 원시적인 생활을 하지 않았을까요?

독일의 재상이었던 비스마르크는 "철은 곧 국가다"라고 말했고, 어떤 사람들은 "철이 곧 문명이고, 산업이다"라고 말했어요. 또 어떤 사람은 철을 '금속의 왕, 재료의 왕'이라고 불렀어요. 철이 얼마나 중요한 재료인지 알게 해 주는 이야기예요.

그렇다면 철은 언제부터 사용되었을까요? 기원전 2000년경 메소포타미아 지역에서 철을 사용했다는 흔적이 있지만, 가장 먼저 철을 사용한 민족은 기원전 15세기경 소아시아에서 일어난 '히타이트인'들이라고 알려져 있어요.

동양에서는 기원전 1100년경 중국 상나라(은나라) 유적에서 철의 흔적이 발견되었고, 비슷한 시기에 인도에서도 철을 사용한 흔적이 발견되었어요. 중국에서 철을 널리 사용하게 된 시기는 춘추전국 시대(기원전 8세기경)였어요.

우리나라의 철기 문화는 기원전 5세기경 중국에서 전래되었을 거라고 추측하고 있어요. 초기에는 도끼 같은 간단한 것을 만들어 사용하다가 점차 철제 갑옷이나 칼, 창 등의 전쟁 무기로 발달했고, 철기 문화가 발전한 나라가 주변 나라를 정복할 수 있었어요.

철은 그 자체로는 은백색의 단단하지 않은 무른 금속이기 때문에 다른 물질과 섞어서 합금으로 사용할 때 효과를 볼 수 있어요. 철을 이용한 합금 중 가장 대표적인 것이 '강철'이에요. 강철은 가장 널리 사용되는 합금인데, 0.02~2% 정도의 탄소를 포함하는 철을 말해요. 철은 탄소 덕분에 단단해져서 여러 용도로 사용할 수 있는 거예요.

과거에는 철을 이용하여 전쟁 무기를 만들었고, 이런 전쟁 무기를 가진 나라가 이웃 나라를 정복할 수 있었어요. 철로 만든 무

▲ 철혈재상이라 불렸던 비스마르크

7. 문명과 산업 발전의 원동력, 철

기는 단단하고 강했기 때문에 다른 무기들을 쉽게 제압할 수 있었던 거지요.

철을 사용한다고 해서 모두 강한 나라가 되는 것은 아니었어요. 문제는 철을 합금할 수 있는 기술이었어요. 철을 가장 먼저 사용했다고 알려진 히타이트인들도 철을 합금하는 기술을 가지고 있었기 때문에 주변 나라를 정복할 수 있었을 거예요. 만약 철만 발견하고 합금 기술을 가지고 있지 않았다면 평범한 국가로 남았을 거예요.

히타이트인들은 철제 무기를 이용하여 강력한 나라를 만들었지만 오래 지속하지 못하고 금방 멸망했어요. 왜 이런 일이 일어났을까요? 내부의 반란이나 다른 민족의 침입이 원인일 수도 있지만, 삼림을 파괴해서 일찍 멸망했다는 이야기가 전해지고 있어요.

철을 사용하여 무기나 기타 물건을 만들기 위해서는 높은 열을 가해야 해요. 철의 녹는점은 1,535도나 되기 때문에 엄청난 고온이 필요하고, 그렇게 하려면 당시로서는 많은 나무를 사용해야 했을 거예요. 히타이트인들은 철제 무기나 물건을 만들기 위해 전 국토의 삼림을 황폐화했을 것이고, 결국 삼림 파괴가 멸망의 한 원인이 되었을 거라고 보는 거예요.

강철을 만드는 제철 기술은 일본에서 많은 발전을 이루었다고 알려져 있어요. 대표적인 것이 '일본 검'이에요. 검은 단단함과 부드러움을 함께 지녀야 해서 강철로 검을 만들 때에는 이 두 가지를 모두 고려해야 해요. 단단함과 부드러움 모두를 겸비한 검을 만들면서 일본의 제철 기술은 발전할 수 있었어요.

철은 지구상에 많이 분포되어 있고 쉽게 이용할 수 있어서 오늘날 가장 많이 사용하는 금속이 되었고, 문명과 산업 발전의 원동력이 될 수 있었어요. 하지만 철에도 치명적인 단점이 하나 있었어요. 그건 바로 철이 녹슬기 쉬운 금속이라는 점이에요.

철의 단점과 관련된 재미있는 이야기가 있어요. 영국 스코틀랜드 에든버러 포스강에는 기차가 다니는 철교인 '포스교'가 있어요. 포스교는 1890년에 개통되었는데, 지금도 사용하고 있는 다리예요. 포스교에는 강철 5만 5,000여 톤이 사용되었다고 하는데, 당시 기술로 2,500미터에 달하는 다리를 만든다는 것은 상상도 할 수 없는 시도였다고 해요. 그런 까닭에 포스교는 교량 설계 및 건축 기술의 우수성을 인정받아 2015년 유네스코 세계 문화

▲ 영국 스코틀랜드 에든버러 포스강에 있는 철교 '포스교'

7. 문명과 산업 발전의 원동력, 철

유산에 등재되었어요.

문제는 포스교가 강철로 된 다리이다 보니 바닷바람에 부식되어 수시로 페인트칠을 해 주어야 한다는 거예요. 자주 페인트칠을 해서 '포스교를 칠한다(Painting The Forth Bridge)'는 관용 표현까지 생겨났다고 해요. 녹이 쉽게 스는 철의 단점을 잘 보여 주는 재미있는 이야기지요.(포스교는 2011년 25년간 유지된다는 코팅을 해서 당분간은 페인트칠을 하지 않아도 된다고 함)

그렇다면 녹슬지 않는 강철은 없을까요? 지금은 기술이 발전해서 녹슬지 않는 강철이 나와 있어요. 대표적인 것이 '스테인리스강'이에요.

스테인리스강이 나오기 전에도 녹슬지 않는 강철이 있었다고 해요. 그것도 아주 오래전에 말이에요. 그건 다름 아닌 '다마스쿠스 강철'이에요. 현재 시리아 남서부에 위치해 있는 다마스쿠스는 세계에서 가장 오래된 도시 중 하나라고 알려져 있어요.

다마스쿠스 강철로 만든 검은 철갑옷을 쉽게 벨 수 있을 정도로 예리하다고 해요. 다마스쿠스 강철 제조법은 매우 비밀스럽게 아버지에서 아들에게 전해져 내려왔다고 하는데, 자세한 제조법은 사라져 버려서 지금은 알 수가 없어요. 인도 쿠와트 울 이슬람 사원 앞에 세워진 '델리 쇠기둥'이 다마스쿠스 강철로 만들어진 것으로 알려져 있는데, 1,500년이 지난 지금까지도 이 쇠기둥에는 녹이 슬지 않는다고 해요.

녹슬지 않는 강철은 시간이 한참 지난 후인 1912년 영국의 해리 브리얼리에 의해 개발되었어요. 브리얼리는 화기 폭발에 강한 금속을 구하려고 철에 크롬을 섞어서 합금을 만들어 보았어요. 합금이 마음에 들지 않아 한동안 방치해 두었는데, 어느 날 봤더니 전혀 녹이 슬지 않은 것을 보고 브리얼리는 이 연구를 계속해서 녹슬지 않는 강철 스테인리스강을 만들어 냈어요.

스테인리스강은 오늘날 요리 도구는 물론이고 수술 도구, 산업용 재료, 자동차와 항공 우주 구조물, 건설 재료, 보석과 시계 등 수많은 곳에 사용되고 있어요.(스테인리스강이 100% 녹슬지 않는 강철은 아님)

과학이 발전하면서 많은 신소재들이 개발되고 있지만 오랜 역사를 지닌 철의 사용량은 여전히 줄어들지 않고 있어요. 과거에도 그러했고, 오늘날에도 철은 그 나라의 국력을 나타내고 있어요.

철은 우리가 사는 세상을 어떻게 바꾸어 놓았나요? 철이 없었다면 현재 우리가 사는 세상은 존재하지도 못했을 거예요. 어떻게 보면 철은 우리가 사는 세상을 바꾸어 놓은 것이 아니라 늘 우리와 함께 생활한 신소재였다고 볼 수 있어요. 지금도 철의 시대는 계속되고 있으니까요.

우리나라 산업 발전의 주역,
포항제철소(현 포스코)

철은 모든 국가 산업에 매우 중요하게 사용되는 물질이기 때문에 철의 생산은 국가 경제의 승패를 좌우하는 중요한 문제였어요. 우리나라도 1970년대부터 자체적으로 철을 생산함으로써 고도성장을 이루었지요.

우리나라에서 철을 처음으로 생산한 곳은 포항제철소(현재 포스코)였어요. 포항제철소는 1970년대부터 우리나라의 자동차, 조선업 등 각종 기간산업에 철강 제품을 공급하여 산업 발전에 큰 역할을 했어요.

제철소를 건립한다는 것은 매우 어려운 일이었어요. 막대한 자금도 큰 문제였지만 무엇보다 제철소를 건립하여 철을 생산해 낼 수 있는 제철 기술이 있어야 가능했기 때문이에요. 그 당시 우리나라는 자금도, 기술도 없는 상태였어요.

그렇다면 우리나라는 아무것도 없었던 상황에서 어떻게 제철소를 건설하여 고도성장을 이루었을까요? 국가에서 전적으로 많은 지원을 한 것도 있었지만 여러 사람의 집념이 이루어 낸 결과라고 볼 수 있어요.

우리나라는 1960년대부터 철강 산업이 모든 산업의 기초가 된다는 인식하에 제철소 건립을 추진하게 되었어요. 제철소 건립은 정부 차원에서 추진했지만, 당시만 해도 정부 관계자들조차 제철소 건립은 역부족이라고 반대했어요. 하지만 정부는 철강 산업만이 살 길이라 생각하여 많은 반대에도 불구하고 계속해서 추진했어요.

1963년부터 5개국 8개 사의 연합체인 '대한국제제철차관단'과의 협상이 이루어졌고, 1967년에는 포항이 제철소 건립지로 결정되었어요. 같은 해 9월에는 대한중석(사장 박태준)이라는 회사가 종합제철사업의 주체로 선정되어 1968년 4월 대한중석을 모태로 포항제철소가 창립되었어요.

제철소는 창립되었지만 철을 생산하기까지는 갈 길이 멀었어요. 제철소 건립에 들어가는 자금을 대한국제제철차관단이 빌려줄 것이라고 기대했는데, 여기서부터 문제가 발생했어요. 자금 지원이 계속해서 미루어졌기 때문이에요.

박태준은 곧바로 대한국제제철차관단의 대표를 만나러 미국으로 건너갔어요. 그는 차관단 대표를 만나 열정적으로 제철소 건립의 당위성과 성공 가능성을 설명했어요. 하지만 차관단 대표는 한국의 경제 상황에서 제철소를 건립한다는 것은 타당성이 떨어진다고 판단하여 끝내 자금 지원을 거절했어요.

자금 지원을 거절당하고 실의에 빠져 있던 박태준에게 한 가지 아이디어가 떠올랐어요. 일본이 식민지 지배 기간 동안 입힌 각종 피해에 대해 지원하기로 한 자금이 있었는데, 그는 그 자금 중 일부를 제철소 건립에 사용하자고 제안했어요.

일본으로 건너간 박태준은 일본의 철강 산업 관계자들을 만나 도움을 요청했고, 일본 정부는 제철소 건립에 들어가는 자금과 제철 기술을 제공하기로 결정했어요. 일본의 지원과 많은 사람들의 노력 끝에 포항제철소는 1973년 6월 그렇게 바라던 철을 생산하기 시작했어요. 1980년대에는 광양에 두 번째 제철소를 건립해 더 많은 철을 생산해 냈고, 2000년 무렵에는 세계 5위 안에 드는 철강 회사로 자리 잡게 되었어요. 국영기업이었던 포항제철소는 2000년 민영화되었고, 2002년 '포스코'로 이름을 변경했어요.

08. 세상을 점령한 신소재, 플라스틱

KEYWORD 4. 신소재

우리는 지금 어쩌면 플라스틱 세상에 둘러싸여 있는지도 몰라요. 당장 여러분 주위를 둘러보세요. 책상 앞에 앉아 있다고 가정하면 바로 앞에 보이는 컴퓨터에서부터 볼펜, 필통, 각종 문구류 등 플라스틱이 아닌 것을 찾는 게 빠를 정도로 플라스틱은 우리 생활에 깊숙이 자리 잡고 있지요.

흔히 조금 딱딱하고 단단한 물질만 플라스틱이라고 생각하는데, 플라스틱의 범위는 생각보다 넓어요. 여러분이 즐겨 먹는 과자 봉지도 플라스틱의 한 종류예요. 비닐봉지조차 플라스틱의 한 종류이니 플라스틱이 우리 주위에 얼마나 많이 있는지 금방 이해가 갈 거예요.

플라스틱은 '가소성(고체가 어떤 힘을 받아 형태가 바뀐 뒤, 그 힘을 없애도 본래의 모양으로 돌아가지 않는 성질)이 있어 가열하면 물러져 임의의 형태로 만들 수 있는 고분자 유기 화합물'을 말해요. 플라스틱을 '합성수지'라고도 불러요. 수지는 소나무나 전나무 등에서 나오는 수액을 말려 얻은 액체를 말하는데, 자연에서 얻은 이런 수지는 인류가 처음으로 이용한 플라스틱 상태의 화합물이라고 볼 수 있어요.

플라스틱을 만드는 원료는 석탄, 석유, 천연가스 등인데 가장 많이 사용하는 것이 석유예요. 플라스틱의 가장 큰 장점은 일정한 온도를 가하면 물렁해져서 어떤 형태로든 손쉽게 만들 수 있고, 녹도 슬지 않으며, 가볍게 또는 튼튼하게 만들 수도 있으며, 썩지도 않는다는 점일 거예요. 게다가 여러 가지 색깔로도 만들 수 있고, 전기가 통하지 않는다는 것도 플라스틱이 지닌 장점이라고 말할 수 있어요. 이런 장점 덕분에 플라스틱은 우리의 마음을 사로잡는 물질이 되었어요.

물론 플라스틱도 단점이 있어요. 가장 큰 단점은 열에 약하다는 거예요. 열을 가하면 어떤 형태로든 만들 수 있는 게 플라스틱의 장점인데, 반대로 열에 약하다 보니 열을 받으면 모양이 쉽게 변형될 수 있는 것이지요. 또 플라스틱은 잘 썩지 않는다는 게 장점인데, 이는 환경을 생각하면 아주 큰 단점이기도 해요. 그러니까 플라스틱은 장점이 곧 단점이 되는 이중성을 지니고 있는 물질이기도 해요.

그렇다면 플라스틱은 언제 처음 만들어졌을까요? 앞에서 나무 수액에서 얻은 액체(수지)가 인류가 처음으로 사용한 플라스틱 형태라고 말했는데, 이때의 용도는 접착제나 미끄럼 방지 정도에만 사용될 정도로 매우 제한적이었어요.

옻나무에서 얻은 옻도 어느 정도 플라스틱의 역할을 수행했어요. 나무로 만든 식기나 가구 등에 옻칠을 하면 표면이 견고하고 광택이 나며, 단단한 막을 형성하여 오랫동안 사용해도 변하지 않았어요.

현대적 개념의 플라스틱은 1909년 미국의 베이클랜드가 페놀과 포르말린을 섞어서 만든 '베이클라이트'를 제1호 플라스틱이라고 보고 있어요. 베이클라이트는 완전한 인공 화합 플라스틱인데, 지금도 전기 제품의 절연체(열이나 전기를 전달하기 어려운 물체)로 사용되고 있어요.

베이클라이트가 세상에 나오기 전에도 플라스틱을 개발하기 위한 시도는 많이 있었어요. 그들의 연구 덕분에 완성된 형태의 플라스틱이 세상에 나올 수 있었어요.

1845년 독일의 화학자 크리스티안 쇤바인은 쉽게 불이 붙는 '나이트로셀룰로스'를 만들어 냈어요. 그 후 1869년 미국의 인쇄업자였던 존 웨슬리 하이어트는 나이트로셀룰로스에 장뇌(녹나무를 증류하여 얻은 향기가 나는 화합물)를 섞어서 '셀룰로이드'를 개발했어요.

셀룰로이드는 형태를 자유롭게 변형할 수 있었고, 단단하고 튼튼했기 때문에 사람들에게 폭발적인 인기를 끌었어요. 19세기

후반에는 셀룰로이드로 만든 영화 필름까지 만들어지면서 셀룰로이드는 중요한 물질로 자리매김했어요. 하지만 셀룰로이드는 불이 붙기 쉽다는 약점이 있었고, 실제 영화 필름이 약한 열에도 쉽게 불이 붙어 여러 차례 화재가 발생하기도 했어요. 셀룰로이드는 완성된 플라스틱이 나오면서 그 자취를 감추었지만 플라스틱 역사에서 매우 중요한 역할을 했던 물질이에요.

베이클라이트 이후 플라스틱은 더욱 발전했어요. 1938년 미국의 화학 회사인 듀폰에서 일하던 캐러더스와 그의 연구팀은 고

▲ 셀룰로이드로 만든 영화 필름

분자를 합성하다가 나일론을 개발했어요. 나일론은 가볍고 탄력성이 좋으며, 질기고 강한 특징이 있어요. 특히 나일론 실은 거미줄보다 가늘지만 잡아당기거나 마찰시켰을 때 다른 섬유보다 매우 강해서 큰 인기를 끌었어요. 1940년대에 나일론으로 만든 스타킹이 미국에서 생산되었는데, 이 스타킹은 여성들에게 폭발적인 인기를 끌었다고 해요.

오늘날 우리가 사용하고 있는 플라스틱 종류 중 가장 많이 사용되고 있는 것이 바로 '폴리에틸렌'이에요. 생활 도구, 식구, 문구, 비닐봉지 등 우리 주변에서 쉽게 볼 수 있는 플라스틱 제품은 모두 폴리에틸렌으로 만들어요. 폴리에틸렌이 전체 플라스틱 제품 중 4분의 1을 차지하고 있다고 하니, 가히 '플라스틱의 왕'이라고 부를 수 있어요.

▲ 플라스틱 제품 중 4분의 1을 차지하는 폴리에틸렌

8. 세상을 점령한 신소재, 플라스틱

1933년 영국의 화학 회사 '임페리얼케미컬공업'의 연구원 파우셋과 깁슨은 '에틸렌'과 '벤즈알데하이드'라는 물질을 혼합하는 실험을 하던 중 고온고압 상태에서 흰 밀랍 상태의 물질이 생성되는 것을 발견했어요. 나중에 이 물질은 에틸렌이 여러 개 결합된 '폴리에틸렌'이라는 것이 판명되었어요.

이렇게 우연한 기회에 찾아낸 폴리에틸렌은 1939년경 제조법이 확립되어 본격적으로 생산되기 시작했어요. 당시 폴리에틸렌은 세계사에 아주 중요한 역할을 했어요. 바로 레이더 설계에 사용되면서 전쟁의 승패를 가르는 데 큰 공을 세우게 되었던 거예요.

제2차 세계 대전이 한창 진행 중이던 때 개발된 폴리에틸렌은 가볍고 절연성(전기가 통하지 않는 성질)이 뛰어나서 레이더 설계에 사용되었어요. 1941년 영국은 레이더가 탑재된 전투기를 개발하여 독일군에 엄청난 피해를 줄 수 있었어요.

사실 폴리에틸렌은 1933년 이전에도 개발된 적이 있었다고 해요. 1898년 독일의 화학자 페크만은 '다이아조메테인'이라는 화합물을 만들 때 하얀 밀랍 상태의 물질을 발견하고 '폴리메틸렌'이라고 이름 붙였는데, 그 당시에는 이 물질을 다루기 어려워서 더 이상 연구가 이루어지지 않았다고 해요.

또 1930년 미국의 화학자 칼 십 마벨과 그의 연구팀은 에틸렌 가스로 실험을 하던 중 폴리에틸렌을 얻었는데, 그때는 이 물질이 특별하지 않다고 생각하여 모두 버렸다고 해요. 마벨과 그의 연구팀은 중요한 것을 발견하고도 그것의 가치를 몰라 귀중한 발견을 놓쳐 버렸어요.

플라스틱은 과학이 발전하면서 더 진화하고 있어요. 요즘은 열에도 강한 플라스틱이 나오고 있고, 또 전기가 통하는 플라스틱, 빛이 나는 플라스틱도 나오고 있다고 해요. 플라스틱의 원료는 석유이기 때문에 석유 생산만 계속 이루어진다면 앞으로도 플라스틱은 계속해서 진화할 수 있어요.

물론 플라스틱에도 치명적인 약점이 존재하고 있어요. 이 약점은 최근 전 세계가 우려하고 있는 환경 오염의 문제예요. 플라스틱은 각종 천연 재료와 달리 효소와 세균에 의해 분해되어 자연으로 돌아가지 않고 그대로 보존되어 심각한 환경 오염을 일으키고 있어요.

플라스틱의 사용량은 해가 갈수록 늘어가고, 또 그에 비례해 사용하고 버려지는 플라스틱의 양도 빠르게 늘어가고 있어요. 플라스틱을 줄이지 않는 한 지구는 언젠가 온통 플라스틱 쓰레기 더미에 묻혀 버릴지도 몰라요.

요즘은 이런 플라스틱의 문제를 해결하기 위하여 '일회용 플라스틱 줄이기 운동'을 많이 하고 있어요. 플라스틱은 인간에게 매우 유용한 물건이지만 그것이 언젠가 인간에게 가장 큰 피해를 입힌다면 결코 유용한 물건이라고 말할 수 없겠지요. 인간에게 해를 입히지 않는 플라스틱이 빨리 개발되기를 바랄 뿐이에요. 그런 개발이 이루어지기 전까지는 모두가 플라스틱 사용을 줄이도록 노력해야겠어요.

플라스틱은 우리가 사는 세상을 어떻게 바꾸어 놓았을까요? 플라스틱은 우리가 사는 세상 그 자체 아닐까요? 지금은 플라스틱 시대라고 해도 과언이 아니니까요.

플라스틱 유리잔 이야기

플라스틱과 관련된 재미있는 이야기도 있어요. 로마 제국 제 2대 황제인 티베리우스 황제 때의 이야기예요. 티베리우스 황제 는 기원전 42년에 태어나 기원후 14년에 황제에 올랐던 인물이 에요.

티베리우스가 황제였을 때, 어느 날 장인 한 명이 유리잔을 바 치고 싶다며 찾아왔어요. 유리잔을 만든 장인은 잔을 황제에게 보 인 후 곧바로 바닥에 내던졌어요. 이를 지켜보던 사람들은 유리잔 이 깨졌을 거라고 생각했지만 한쪽만 조금 패였을 뿐 잔은 멀쩡 했어요. 장인은 패인 부분을 망치로 두드려 다시 원래 상태로 만 들었어요. 투명한 유리잔이 이런 성질을 가졌다면 분명 플라스틱 의 한 종류로 볼 수 있을 거예요.

8. 세상을 점령한 신소재, 플라스틱

황제는 장인에게 유리잔의 제조법을 몇 명이나 알고 있는지 물었어요. 장인은 자신 외에는 아무도 모른다고 대답했어요. 그러자 황제는 곧바로 장인을 죽이라고 명령했어요. 장인이 죽음으로써 유리잔의 제조법은 영원히 묻혀 버렸어요. 2천 년 전에 어떻게 이런 물건을 만들었는지, 그 비밀은 영원히 수수께끼로 남아 있을 뿐이에요. 만약 2천 년 전 플라스틱의 제조법이 널리 알려졌다면 세상은 어떻게 변했을까요? 아마도 지금과는 다른 모습이지 않을까요?

인간에게 유용한 발명을 했다면 더 장려하는 것이 바람직할 텐데 티베리우스 황제는 왜 획기적인 물건을 만든 장인을 죽였을까요? 티베리우스가 2천 년 전 인물이라 당시 그의 생각을 정확하게 알 길은 없어요. 다만 유리잔과 같은 특별한 물건이 세상에 나오면 금과 같은 여러 보물들의 가치가 크게 떨어질 것을 우려했기 때문이라고 추측할 뿐이에요.

무엇이든 획기적인 물건이 나타나면 한동안 사회는 큰 혼란을 겪을 수밖에 없어요. 당시 로마 제국은 초대 황제 아우구스투스 이후 안정된 번영을 누리고 있었어요. 티베리우스도 초대 황제의 뒤를 이어 안정된 로마 제국을 유지하고 싶었을 거예요. 티베리우스는 유리잔을 안정된 로마 사회에 큰 혼란을 줄 물건이라고 판단했기 때문에 그런 행동을 하지 않았을까요?

당시 티베리우스의 결정은 어느 정도 합리적이었다고 볼 수 있어요. 왜냐하면 로마 제국은 수백 년간 전 유럽에 세력을 떨치며 이어졌기 때문이지요. 반대로 유리잔의 제조법이 널리 알려져 로마 제국이 더 발전했을 수도 있지만 그건 어디까지나 가정일 뿐이지요. 더 나빠졌을 수도 있는 것이니까요.

티베리우스의 결정으로 인류는 2천 년이나 지난 후에 플라스틱의 혜택을 볼 수 있었어요. 그 당시 장인이 만든 유리잔이 오늘날과 같은 방법으로 플라스틱을 만든 것이었다면 그건 정말 대단한 발견이었을 거예요. 화학이나 화합물, 합성이라는 개념조차 세워지지 않았던 당시에 이런 물건을 만든다는 것은 기적 같은 일이었을 테니까요.

약

여러분은 감기에 걸리거나 머리가 아플 때 어떻게 하나요? 가
벼운 감기에 걸렸을 때에는 병원에 가서 의사에게 진찰을 받고
약국에서 약을 처방 받아 복용할 거예요. 또 가벼운 두통이나 치
통 등이 생겼을 때에는 약국에서 진통제를 사서 복용할 테지요.
큰 병이라면 병원에 가야 하지만 가벼운 통증이나 증상 같은 경
우에는 언제든지 약을 사서 복용할 수 있어요.

만약 약이 없었다면 우리 인간의 삶은 어떻게 되었을까요? 깊
게 생각해 보지 않아도 금방 그 결과를 짐작할 수 있을 거예요. 한
마디로 지금처럼 건강하게 오래 살 수는 없었을 거예요.

실제로 인간의 수명은 과거에 비해 급격하게 늘어났어요. 불
과 몇 백 년 전과 비교하면 두 배 이상 늘어났다고 볼 수 있어요.

이렇게 된 데에는 의학 기술과 의약품의 발전이 결정적인 역할을 했어요.

지금은 병원에 가서 주사를 맞고, 약국에 가서 약을 사 먹으면 치료할 수 있는 병들이 과거에는 인간의 목숨을 앗아갔어요. 의학 기술과 의약품이 발전하지 않았다면 우리의 삶은 그다지 행복하지 못했을 것이고, 지금처럼 오래 살 수도 없었을 거예요.

우리 인류의 역사를 살펴봐도 질병으로 인해 목숨을 잃은 경우는 수없이 많았어요. 또 그런 질병은 인류의 역사를 바꾸어 놓기도 했어요. 지금이었다면 간단한 약 하나로 치료될 병이 과거에는 죽음에 이르는 무시무시한 존재였던 거예요.

중세 유럽에서 한때 유행했던 '페스트'라는 병은 유럽의 인구를 바꾸어 놓은 가장 큰 규모의 재앙이었어요. 페스트는 내출혈로 인해 생기는 피부의 검은 반점 때문에 흔히 '흑사병'이라고 불렀는데, 14세기 중엽 2천만 명 이상의 목숨을 앗아간 병이었어요. 이때 치료약이 있었다면 유럽의 역사는 또 어떻게 바뀌었을지 몰라요.

과거에는 이처럼 각종 질병이 역사를, 세상을 바꾸어 놓았다면 근대에 들어서는 질병을 치료하는 의약품이 세상을 바꾸어 놓았다고 말할 수 있어요. 세월이 흐르고 과학이 발전하면서 인간은 질병을 치료할 수 있는 의약품을 개발했고, 그에 따라 인간의 삶도 많은 변화를 겪었어요. 하지만 의약품의 역사를 보면 초창기의 약은 지금 우리가 생각하는 그런 약이 아니었어요.

기원전, 고대 국가 시대에는 소똥이나 말똥, 부패한 고기, 기름 등이 약품으로 사용되었다는 기록이 있어요. 과거에는 왜 이런 것들을 약품으로 사용했을까요? 그건 종교적인 신념과 관련이 깊어요. 당시 사람들은 병에 걸리면 악마가 몸속에 침투한 것이라고 생각했는데, 몸속의 악마를 쫓아내기 위해서는 악마가 싫어하는 것들을 사용해야 한다고 믿었던 거예요. '의학의 아버지'라고 불리는 히포크라테스 이후 이런 종교적 신념은 많이 사라졌어요. 하지만 이런 종교적 신념에 의한 병의 퇴치 방법은 중세 시대까지 일부에서 행해졌다고 해요.

예전에는 상처가 생기면 여러 가지 세균 감염으로 목숨을 잃는 경우가 많았어요. 그때까지만 해도 세균을 억제하는 치료제가 없어 많은 사람들이 목숨을 잃었어요. 그런데 어느 순간 세균을 억제하는 치료제가 개발되면서 수많은 사람들의 목숨을 살렸어요. 대표적인 약이 '페니실린'이에요. 페니실린은 세상을 바꾼 가장 위대한 약이라고 평가받고 있는 대표적인 약이에요.

현재 가장 많이 사용되는 약은 진통제로 쓰이는 '아스피린'이에요. 아스피린은 가장 많이 팔리는 약이면서 가장 쉽게 구입할 수 있는 약이기도 해요. 아스피린은 통증을 완화시켜 우리 인간을 행복하게 만들어 준 약이에요.

이번 장에서는 인간에게 가장 영향을 미친 약이라고 평가받는 페니실린과 아스피린에 대해 알아볼 거예요. 과연 페니실린과 아스피린은 우리 삶을 어떻게 바꾸어 놓았을까요?

09. 세상을 바꾼 위대한 약, 페니실린

KEYWORD 5. **약**

  '세상을 바꾼 가장 중요한 약', '세계 역사를 바꾼 위대한 약', '20세기를 통틀어 가장 위대한 발명 중 하나'라는 찬사를 듣고 있는 약이 하나 있어요. 그 약은 바로 '페니실린'이에요.

  페니실린은 푸른곰팡이를 길러서 얻은 항생제를 말해요. 항생제는 미생물이나 세균 따위의 발육과 번식을 억제하는 물질로 만든 약인데, 다른 미생물이나 생물 세포를 선택적으로 죽이는 역할을 해요. 그런데 왜 페니실린을 두고 이런 찬사를 보내는 것일까요? 그건 페니실린이 세균 감염으로 죽어 가는 수많은 사람들을 살려냈기 때문이에요. 정확한 기록은 없지만 페니실린 덕분에 목숨을 건진 사람은 수백만 명 이상일 거라고 추정하고 있어요. 또 페니실린과 같은 항생제 덕분에 인간의 수명도 많이 길어졌어요.

예전에는 세균에 감염되면 죽음을 맞이할 수밖에 없었지만 지금은 페니실린과 같은 항생제만 먹으면 쉽게 치료할 수 있어요. 페니실린은 가장 먼저 발견된 약이고, 가장 널리 사용되는 약이기 때문에 가장 위대한 약 중 하나라는 찬사가 결코 과장은 아니에요.

　　영국 런던의 세인트 메리 병원 세균 학자였던 알렉산더 플레밍이 페니실린을 발견하기 전에도 세균 감염을 치료할 수 있는 소독약은 있었어요. 19세기 후반, 영국의 외과 의사였던 조지프 리스터는 소독약을 발견하여 세균 감염 예방에 큰 공을 세웠어요. 하지만 리스터가 발견한 소독약은 한 가지 커다란 단점이 있었어요. 리스터가 발견한 '페놀 소독약'은 인체에 들어온 세균에 대해서는 효과가 없거나 오히려 증상을 악화시켰어요. 이는 페놀

▲ 페니실린을 발견한 영국의 세균 학자, 알렉산더 플레밍

제5장. 약

이라는 물질이 세균보다는 세균과 싸우는 백혈구를 먼저 파괴했기 때문이에요.

1922년 플레밍은 우연한 기회에 세포는 죽이지 않고 세균만 죽이는 물질을 발견할 수 있었어요. 어느 날 플레밍이 세균을 배양하는 실험을 하고 있었는데 콧물 한 방울이 실험용 샬레(뚜껑 달린 둥근 유리 접시)에 떨어졌던 거예요. 이 콧물 한 방울로 인해 놀라운 발견을 하게 될 줄은 아무도 몰랐어요.

다음 날 샬레를 본 플레밍은 깜짝 놀라고 말았어요. 콧물 주위만 세균이 증식하지 않았던 거예요. 이런 현상을 바탕으로 플레밍은 실험을 계속했고, 그 결과 살균 성분이 눈물과 침, 콧물 등에 포함되어 있다는 사실을 알아냈어요.

플레밍은 살균 성분을 분해 효소라고 생각했고, '리소자임'이라는 이름을 붙였어요. 그런데 플레밍이 발견한 리소자임은 질병 치료제로 사용하기는 어려웠어요. 리소자임은 특별히 해가 되지 않는 세균만 죽일 뿐 병을 일으키는 세균들은 죽이지 못했기 때문이에요. 리소자임의 발견은 중요한 의미를 지니는 것이었지만 질병 치료에 큰 도움이 되지 않자 학자들도 별로 관심을 보이지 않았어요.

1928년 플레밍은 우연한 기회에 또 한 번 놀라운 발견을 할 수 있었어요. 이 발견 또한 리소자임 때와 비슷했어요. 어느 날 플레밍은 포도상구균(세포가 포도송이처럼 형성되어 있다고 붙여진 이름, 자연계에 널리 분포되어 있는 세균 중 하나로 건강한 사람도 보균하고 있고 식중독을 많이 일으키는 균으로 알려져 있음) 배양 실험을 하고 있었어요. 그런데 실험 도중 어디선가 푸른곰팡이의 포자(식물이 무성생식을 하기 위해 형성하는 세포)가 날아들어 실험 그릇에 떨어졌어요.

한참 시간이 지난 뒤 그릇을 살펴본 플레밍은 깜짝 놀랐어요. 푸른곰팡이가 자란 주변에는 포도상구균이 증식하지 않고 있었던 거예요. 그 순간 플레밍은 리소자임을 발견했을 때의 기억이 떠올랐고, 푸른곰팡이에 살균 성분이 있을 거라고 추측했어요. 그의 추측은 곧 사실로 드러났어요.

나중에 푸른곰팡이는 '페니실륨속'에 속하는 한 종류로 밝혀졌고, 플레밍은 거기서 이름을 따 항균 물질을 '페니실린'이라고 부르기로 했어요. 만약 플레밍이 리소자임을 발견한 경험을 하지 못했다면 결코 페니실린을 발견할 수 없었을 거예요. 그래서 리소자임의 발견은 비록 질병 치료에는 도움이 되지 않았지만 매우 중요한 발견이었다고 말하는 거예요.

▲ 푸른곰팡이를 길러서 얻은 항생제, 페니실린

플레밍은 자신이 발견한 페니실린이 백혈구를 파괴하지 않고, 또 동물에게도 해가 되지 않는다는 사실을 실험을 통해서 확인했어요. 하지만 플레밍의 역할은 여기까지였어요. 페니실린을 의약품으로 사용하기 위해서는 페니실린의 화학 구조를 변화시켜 안정된 상태로 만들어야 하는데, 플레밍은 화학에 대해 문외한이었기 때문에 그 방법을 알지 못했어요. 나름대로 방법을 찾기 위해 연구했지만 계속 실패만 하고 말았어요. 플레밍은 페니실린을 의약품으로 만들어 출시하고 싶었지만 화학적으로 불안정한 상태였던 페니실린을 약품으로 만드는 데 실패했어요.

시간이 한참 흐른 1938년, 플레밍의 페니실린 논문을 읽은 영국 옥스퍼드대학교의 하워드 플로리와 언스트 체인은 페니실린을 약품으로 만들 수 있다는 생각을 하게 되었어요. 그들은 1939년부터 페니실린 연구에 뛰어들었고, 마침내 화학적으로 안정된 페니실린 분말을 추출해 낼 수 있었어요. 1940년에는 동물 실험에 성공했고, 1941년에는 임상 실험을 시작해서 포도상구균에 감염된 사람들의 생명도 구할 수 있었어요.

당시는 제2차 세계 대전 중이었기 때문에 영국과 미국에서 페니실린 연구는 국가 기밀 중 하나였고, 전쟁 부상자들의 세균 감염을 막기 위하여 페니실린 연구에 막대한 자금을 투자했어요. 그 결과 많은 연합군 부상자들이 페니실린 덕분에 목숨을 구할 수 있었어요. 또 세균에 감염된 사람들도 페니실린 덕분에 빨리 회복할 수 있었어요.

이후에도 페니실린에 대한 연구는 계속 이루어졌고, 일반인들도 사용할 수 있게 되면서 페니실린은 '기적의 약'이라고 불리게 되었어요. 페니실린을 발견한 플레밍과 그것을 의약품으로 만드는 데 결정적인 역할을 한 플로리와 체인, 이 세 사람은 1945년 공동으로 노벨 생리·의학상을 수상했어요.

페니실린이 발견되지 않았다면 우리가 사는 세상은 어떻게 되었을까요? 수많은 사람들이 세균에 감염되어 목숨을 잃었을 것이고, 우리 인간의 삶도 지금처럼 풍요롭지 못했을 거예요. 왜 페니실린을 두고 세상을 바꾼 위대한 약이라고 하는지 이제는 알겠지요?

페니실린을 발견한
알렉산더 플레밍

알렉산더 플레밍은 1881년 8월 6일 스코틀랜드 남부에서 농부였던 휴즈 플레밍과 그레이스 스털링 모턴의 4남매 중 셋째 아들로 태어났어요. 그는 라우던 무어 학교와 다블 중학교를 다닌 뒤 킬마르녹 학원에서 기초 교육 과정을 이수했어요. 그 후 4년 동안 사무원으로 일하다가 삼촌인 존 플레밍에게 물려받은 약간의 유산으로 대학에 들어가 공부를 계속했어요.

플레밍은 런던대학교 의학부에서 빼어난 성적으로 장학금을 받았고, 그 결과 런던대학교의 세인트 메리 병원에서 의학 공부를 할 수 있었어요. 1906년에는 의학 면허를 취득하였고, 곧바로 세인트 메리 병원의 예방 접종과에서 일하게 되었어요. 플레밍은 1914년 제1차 세계 대전이 일어나기 전까지 세인트 메리 병원에서 의사로 일했어요.

제1차 세계 대전 중에는 왕립 군사 의무단에서 봉사 활동을 했고, 전쟁이 끝나자 다시 병원으로 돌아와 면역학, 세균학 분야의 연구를 시작했어요. 1922년에는 세균 실험 중 우연한 기회로 리소자임을 발견하여 페니실린을 발견하는 데 중요한 계기가 되었어요.

플레밍은 1928년에 세인트 메리 병원 예방 접종과의 세균학 교수로 임명되었는데, 바로 그해에 페니실린을 발견했어요. 페니실린의 발견은 이듬해 논문으로 발표되었어요. 하지만 이때 플레밍이 발견한 패니실린은 화학적으로 불안정하여 의약품으로 사용할 수 없었어요. 플레밍은 많은 연구와 실험을 시도했지만 번번이 실패하고 말았어요. 결국 플레밍은 이 연구를 포기할 수밖에 없었어요. 화학에 대해서 잘 알지 못했기 때문에 플레밍으로서는 어쩔 수 없는 일이었어요.

페니실린을 의약품으로 사용할 수 있게 된 것은 1938년 옥스퍼드대학교의 하워드 플로리와 언스트 체인에 의해서였어요. 물론 플레밍의 페니실린 발견이 없었다면 이런 결과는 나올 수 없었겠지요.

플레밍은 페니실린을 발견한 공로를 인정받아 1943년에 영국 왕립학회 회원으로 선출되었고, 1944년에는 기사 작위까지 받았어요. 1945년에는 플로리, 체인과 함께 노벨 생리·의학상을 공동 수상하였고, 1946년에는 세인트 메리 병원 실험실의 책임자가 되었어요.

플레밍은 1955년 심장마비로 사망했는데 그의 유해는 런던의 세인트 폴 대성당에 안치되어 있어요. 또 그가 최초로 페니실린을 발견한 샬레는 다른 균이 자라지 못하도록 조치를 취한 뒤 대영박물관 전시실에 보관되어 있어요. 플레밍의 실험실도 세인트 메리 병원 안에 당시 모습 그대로 재현되어 있다고 해요.

2002년 영국의 BBC 방송은 영국인을 대상으로 '가장 위대한 영국인 100명'을 조사했는데 플레밍이 20위를 차지했어요. 또 플레밍은 〈타임〉지 선정 '20세기 가장 영향력 있는 인물 100인'에 선정되기도 했어요. 플레밍이 인류에게 얼마나 큰 공헌을 했는지 알 수 있는 대목이에요.

10.

세계인이 사랑한 약, 아스피린

우리는 살아가다 종종 통증을 경험하곤 해요. 그중 가장 빈번하게 일어나는 통증이 아마 두통일 거예요. 우리는 두통이 일어나면 집에 있는 작은 알약(진통제) 하나를 먹곤 해요. 집에 진통제가 없을 경우에는 바로 근처 약국에서 쉽게 구입해 복용할 수 있지요.

진통제를 한 번도 복용해 보지 않은 사람은 아마 없을 거예요. 통증뿐 아니라 몸에 열이 나거나 염증이 생겼을 때에도 우리는 진통제를 복용해요. 사람들이 자주 복용하는 대표적인 진통제가 바로 '아스피린'이에요. 지금은 많은 종류의 진통제가 출시되어 있지만 과거에는 아스피린이 유일한 진통제였어요. 그런 까닭에 아스피린은 지금까지 세계에서 가장 많이 팔린 약이면서 가장 사랑받은 약이라고 알려져 있어요.

아스피린은 1899년 독일의 제약 회사 '바이엘'이 출시한 진통, 소염, 해열제예요. 아스피린은 통증을 완화하고, 염증을 제거하고, 열을 내리는 데 매우 효과적인 역할을 하는 약이지요.

그렇다면 진통제는 언제부터 사용되었을까요? 기록에 의하면 고대 이집트인들은 버드나무를 진통제로 사용했다고 해요. 또 고대 그리스 시대의 한 의사는 버드나무 잎과 껍질을 빻아서 와인, 후추와 함께 먹으면 복통에 효과가 있다는 기록을 남겼어요. 히포크라테스도 버드나무 껍질을 통증을 완화하고 열을 내리는 목적으로 사용했다고 해요. 이처럼 버드나무는 오랜 옛날부터 천연 진통제로 사용되어 왔어요.

진통제가 현대적인 개념의 의약품으로 개발되어 나오기까지는 많은 시간이 걸렸어요. 19세기 초, 전쟁으로 인해 진통제의 수요가 급증하자 화학자들은 버드나무 추출물에서 진통 효과 성분을 정제해 냈고, 버드나무의 라틴어 이름 '살릭스'를 바탕으로 정제 성분을 '살리실산'이라고 이름 붙였어요. 그런데 살리실산은 통증을 완화하고 열을 내리는 데에는 효과가 있었지만 한 가지 부작용이 있었어요. 그것은 이 약을 복용하면 극심한 위장 장애가 발생한다는 것

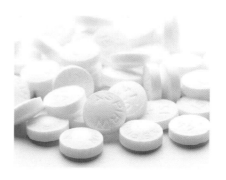

▲ 세계에서 가장 많이 팔린 약이면서 가장 사랑받은 약, 아스피린

10. 세계인이 사랑한 약, 아스피린

이었어요. 또 살리실산은 쓴맛이 강했기 때문에 많은 사람들이 복용을 꺼려했어요.

이때 독일의 제약 회사 바이엘에 다니던 펠릭스 호프만이라는 젊은 연구원이 살리실산의 부작용을 없애 주는 연구에 박차를 가했어요. 호프만이 이런 연구를 진행한 것은 개인적인 이유도 있었어요. 호프만의 아버지도 류머티즘에 걸려 살리실산을 복용하고 있었기 때문이에요. 아버지가 살리실산의 부작용으로 괴로워하자 연구를 시작하게 된 거예요. 1897년, 호프만은 오랜 노력 끝에 위에 부담도 없고 쓴맛도 없는 '아세틸살리실산'이라는 약을 개발해 냈어요. 바이엘은 여러 차례에 걸쳐 아세틸살리실산을 검증했고, 1899년 아세틸의 '아'와 살리실산의 별명인 '스필산'을 합쳐 '아스피린'이라는 이름으로 세상에 내놓았어요.

아스피린은 출시와 동시에 많은 사람들에게 큰 호응을 얻었어요. 특히 유럽에서 선풍적인 인기를 끌었고, 곧이어 미국에서도

이 약이 세계인이 가장 사랑하는 약이 될 줄이야!

▲ 아스피린을 개발해 낸 펠릭스 호프만

제5장. 약

인기를 얻었어요. 그러자 바이엘은 1903년 미국에 공장을 짓고 아메리카 대륙 시장을 개척했어요. 하지만 바이엘의 이 결정은 큰 독이 되고 말았어요. 제1차 세계 대전이 터지자 1917년 미국은 바이엘의 자산을 몰수했고, 바이엘이 보유하고 있던 특허권과 상표권까지 몰수하여 미국 정부 관리하에 두었어요. 바이엘이 적국(독일)의 기업이었기 때문이에요. 전쟁이 끝나자 미국 현지 법인이었던 '바이엘 아메리카'는 경매로 나오게 되었고, '스털링 프로덕츠'라는 회사가 모든 권리를 얻게 되었어요.

아스피린은 전쟁 때도 생산량이 급증했지만, 전쟁이 끝나고 난 뒤에도 인기가 줄어들지 않았어요. 각종 독감이나 스트레스로 인해 생기는 두통이나 위통에 아스피린만 한 약이 없었기 때문이에요. 독일 바이엘 본사에서 생산한 아스피린과 미국 현지 법인 바이엘 아메리카에서 생산한 아스피린 모두 큰 성공을 거두었어요. 특히 바이엘 아메리카를 운영했던 스털링은 북미 대륙과 남미 대륙까지 그 판로를 넓혔어요. 바이엘 본사 입장에서는 자신들이 개발한 약으로 다른 회사가 막대한 이익을 보고 있었기 때문에 무척이나 배가 아팠지만 어떻게 할 수 있는 상황이 아니었어요.

하나의 약을 두고 두 개의 회사가 경쟁하는 이런 상황은 1994년에 가서야 마무리되었어요. 독일 바이엘 본사는 1994년에 스털링이 갖고 있던 미국 시장의 권리를 다시 인수하여 아스피린을 생산하는 유일한 회사가 될 수 있었어요.

아스피린은 전 세계에서 가장 많이 팔리고, 세계인이 가장 사랑하는 약이었지만 아스피린의 어떤 성분이 통증을 완화시켜 주는지 70년이 지나도록 알 길이 없었어요. 이런 아스피린의 수수께끼를 푼 사람은 영국의 약리학자 존 베인이었어요.

우리 몸속에는 '사이클로옥시게나제'라는 효소가 있는데, 이 효소는 '프로스타글란딘'이라는 화합물을 생산하는 역할을 해요. 프로스타글란딘은 통증과 염증을 유발하는 물질이에요. 그러니까 우리 몸속의 효소인 사이클로옥시게나제만 억제하면 프로스타글란딘은 생산되지 않기 때문에 통증이 사라질 수 있어요. 1971년 존 베인은 아스피린이 사이클로옥시게나제를 억제한다는 사실을 밝혀냈던 거예요. 이 발견으로 존 베인은 1982년 노벨 생리의학상을 수상했어요. 베인의 이 발견으로 아스피린의 활용 가능성은 더 넓어졌어요.

이후 많은 연구가 이루어진 결과, 아스피린이 심장 발작과 뇌졸중 위험을 낮추는 데 도움이 된다는 사실이 밝혀졌어요. 또 미국이 1985년 아스피린을 심장 발작, 뇌졸중 예방 의약품으로 승인하면서 아스피린은 다시 많은 사람들이 찾는 약이 되었어요.

만약 아스피린이 개발되지 않았다면 세상은 어떻게 되었을까요? 많은 사람들이 통증과 스트레스로 고통받아 지금보다 불행한 삶을 살았을지도 몰라요. 오늘날 아스피린은 진통, 소염, 해열제를 뜻하는 대명사로 쓰일 정도로 세계인의 삶을 행복하게 바꾸어 놓았어요. 더 나아가 최근 아스피린이 심혈관 질환 예방에도 효과가 있다는 것이 밝혀져 그 역할이 기대되고 있는 상황이에요.

가장 오래된 진통제, 모르핀

의약품 중 가장 오래되었으면서 가장 강력한 진통 효과를 볼 수 있는 약이 '모르핀'이라고 해요. 모르핀은 양극단의 장점과 단점을 지닌 약이기도 해요. 왜냐하면 진통에 탁월한 효과가 있기는 하지만, 잘못 사용하면 중독되어 끔찍한 고통 속에 생명을 잃을 수도 있기 때문이에요.

모르핀은 양귀비꽃의 씨에서 얻을 수 있어요. 현재 세계 많은 나라에서 양귀비는 마약으로 분류되어 일반인의 재배가 금지되어 있어요. 오랜 옛날부터 사람들은 양귀비꽃에서 '아편'이라고 부르는 마약을 만들어 사용해 왔어요. 아편에는 약 10%의 모르핀이 함유되어 있다고 해요.

고대 이집트 파피루스에는 양귀비를 의약품으로 사용했다는 기록이 있고, 고대 로마 시대에도 양귀비에서 얻은 아편을 진통제나 수면제 등으로 사용했다는 기록이 있어요. 이 시대에도 아편의 긍정적인 면(통증 완화)과 부정적인 면(중독되면 정신이 혼미해지고 두통, 복통, 구토, 불면증 등 끔찍한 고통에 시달림)을 알고 있어서 일반인들에게는 널리 보급하지 않았다고 전해지고 있어요. 하지만 아편의 효능을 경험한 사람들은 계속해서 아편을 찾게 되었고, 아편에 중독되는 사람들도 계속해서 늘어갔어요.

1803년 프리드리히 제르튀르너라는 젊은이가 아편에서 모르핀 성분만을 분리해 내는 데 성공했어요. 모르핀이라는 이름은 그리스 신화에 등장하는 잠의 신인 '모르페우스'에서 따온 거예요.

아편에서 모르핀 성분만을 분리할 수 있게 되자 정확한 양만을 측정하여 약으로 투여할 수 있게 되었고, 19세기 중반에는 모르핀을 주사제로도 사용할 수 있게 되었어요. 하지만 아편과 마찬가지로 모르핀도 긍정적인 면과 부정적인 면을 동시에 지니고 있었기 때문에 이 약에 중독되는 사람들은 갈수록 늘어갔어요. 모르핀은 통증을 완화시켜 주는 동시에 우울함이나 슬픈 생각까지 잊을 수 있게 해 주었기 때문에 사람들은 계속해서 모르핀을 찾게 되었고, 결국 이 약에 중독될 수밖에 없었어요.

모르핀은 우리 몸에 어떤 작용을 하여 육체적 고통뿐 아니라 정신적 고통까지 치료해 주었던 걸까요? 그 비밀은 1980년경 밝혀졌어요.

우리 몸은 상처를 입거나 스트레스를 받았을 때 '엔도르핀'이라는 물질을 방출하여 스스로 고통을 완화시킨다고 해요. 모르핀이 우리 몸에 들어오면 엔도르핀 역할을 하게 되고, 계속 모르핀을 투여하면 우리 몸은 엔도르핀 생산을 중단한다고 해요. 모르핀 공급을 중지하면 우리 몸은 엔도르핀이 부족하여 심한 불쾌감을 느끼며 다시 모르핀을 찾게 되고, 이런 현상이 계속 반복해서 일어나면 중독이 되는 거예요.

지금도 모르핀은 긍정적인 면보다는 부정적인 면이 더 강하기 때문에 사용하는 데 신중을 기해야 해요. 하지만 여전히 모르핀은 통증을 완화시켜 주는 데에는 최고의 효과를 지니고 있기 때문에 지금도 말기 암 환자의 통증을 완화시켜 주는 진통제로 많이 사용되고 있어요. 부작용이 없는 모르핀이 개발된다면 우리 인간에게는 최고의 선물이 될 수 있을 거예요.

제6장

식물

식물은 동물과 더불어 생물계를 이루는 중요한 요소예요. 식물은 지구상에서 가장 오래된 생물이라고 할 수 있으며, 가장 넓게 분포되어 있는 생물이에요. 지구상에는 약 40만 종 이상의 식물이 있다고 알려져 있어요.

만약 지구상에 식물이 없다면 어떻게 될까요? 그건 곧 지구가 죽은 별이라는 의미예요. 식물이 없으면 동물도 살 수가 없어요. 식물은 지구에 산소를 공급하는 허파 같은 역할을 하고, 모든 동물들에게 영양분을 제공하는 동시에 서식처를 만들어 주기 때문이지요.

우리 인간은 식물이 없으면 단 한 순간도 살아갈 수가 없어요. 인간은 처음 탄생했을 때부터 식물에 의지하여 살아왔고, 식물을 활용하여 지구상에서 가장 강력한 힘을 지닌 존재가 되었어요. 식물을 잘 활용한 민족은 더 부강한 나라를 만들었고, 그렇지 못한 민족은 가난에서 벗어나지 못했어요.

지구상에는 수많은 식물이 있는데 우리 인간의 삶과 매우 밀접한 관계를 맺으며 함께 생활하는 식물도 있어요. 이런 식물들은 인간에게 큰 이로움을 주기도 했고, 또 인간을 매우 큰 위험에 빠트리기도 했어요. 물론 인간을 위험에 빠트린 것은 식물이 아니라 그 식물을 잘못 이용한 인간의 잘못이라고 볼 수 있지요.

앞 장에서 살펴본 감자는 인간을 기아에서 구한 식물이었어요. 지금까지도 감자는 우리 인간의 삶에 중요한 역할을 하고 있으며, 앞으로도 인간과 함께하는 식물이 될 거예요. 그건 인간이 감자를 잘 활용하고 있다는 증거일 거예요. 그런데 인간이 감자를 잘못 활용한다면 큰 재앙을 불러올 수도 있어요. 그런 일은 인간의 욕심에서 비롯되는 경우가 많아요. 어느 나라가 감자를 독점하기로 마음먹고 다른 나라의 감자를 모두 병들게 만든다면 감자는 인간에게 재앙이 되는 거예요.

1492년 콜럼버스가 신대륙을 발견하게 된 것은 '후추'라는 향신료를 얻기 위해서였어요. 후추가 황금과 비슷한 가치를 지니게 되자 후추를 얻기 위하여 대항해를 시작했던 거지요. 15세기, 16세기경 많은 탐험가들이 바다를 항해한 것은 미지의 세계에 대한 궁금증도 있었겠지만 대부분 후추 같은 향신료를 구하기 위해서였어요. 후추가 얼마나 대단한 식물이었는지 알 수 있는 대목이지요. 하지만 후추는 결과적으로 신대륙에 살고 있었던 원주민들에게는 재앙과 같은 식물이 되고 말았어요. 후추 때문에 수많은 원주민들이 목숨을 잃었기 때문이지요.

설탕의 원료가 되는 사탕수수도 우리 인간에게는 없어서는 안될 식물이에요. 우리 인간은 기본적으로 단맛을 좋아하는 존재예요. 가끔 어른들은 '당'이 떨어져서 쓰러질 것 같다는 말을 해요. 여기서 말하는 '당'은 단맛을 내는 물질을 의미해요. 당은 에너지를 공급해 주고 체력을 보충하는 역할을 하는데 인간은 적절한 당분을 섭취하지 않으면 정상적인 생활을 할 수가 없는 존재예요. 하지만 설탕의 원료가 되는 사탕수수의 역사를 살펴보면 그토록 달콤한 식물의 이면에 쓰디쓴 진실이 숨어 있다는 사실에 매우 놀랄 거예요. 알고 보면 사탕수수에는 수많은 아프리카 흑인 노예들의 피와 땀, 눈물이 서려 있기 때문이지요.

이번 장에서는 인간의 삶에 매우 큰 영향을 미쳤다고 생각하는 후추와 사탕수수에 대해 알아볼 거예요. 과연 두 식물은 세상을 어떻게 바꾸어 놓았을까요?

11. 신대륙 발견을 가능하게 한 식물, 후추

KEYWORD 6. 식물

후추를 모르는 친구들은 없을 거예요. 여러분이 좋아하는 고기를 구울 때에도 후추는 항상 옆에 있으니까요. 후추는 고기의 냄새를 잡아 주는 역할도 하고, 고기의 맛을 더 풍성하게 해 주는 역할도 하지요. 또 어른들은 국 종류의 음식을 먹을 때에도 후추를 사용하는 경우가 많아요. 하지만 여러분은 후추의 향 때문에 좋아하지 않을 수도 있어요.

후추는 정확하게 표현하면 후추나무의 열매를 지칭해요. 후추나무의 원산지는 인도 남부라고 알려져 있어요. 후추나무는 보통 2년에서 5년 정도가 되면 붉은 열매를 맺기 시작하고, 대략 40년 정도 열매를 맺는다고 알려져 있어요.

후추는 크게 검은 후추와 흰 후추가 있어요. 우리가 흔히 먹는

후추는 검은 후추인데, 이것은 열매가 아직 녹색을 띤 덜 익은 상
태일 때 따서 발효시킨 것이고, 흰 후추는 다 익은 열매의 껍질을
벗겨서 건조시킨 거예요. 후추의 향과 맛 성분은 주로 겉껍질에
많이 들어 있어서 껍질을 제거하고 건조시킨 흰 후추보다는 검은
후추가 더 맵고 향이 강하며 풍미가 있어요.

　후추 같은 식물을 일반적으로 '향신료'라고 불러요. 향신료는
음식에 풍미를 주거나 맵고 향기로운 맛을 더해 주어 식욕을 촉
진시키는 조미료를 말해요. 향신료는 보통 약효가 있고, 살균력이
있어서 고기 같은 음식의 부패 방지에 큰 효과가 있어요. 이런 기
능 때문에 오랜 옛날부터 인류는 향신료를 생활 중에 많이 사용
했어요.

　고대 이집트에서는 미라의 방부 처리를 위해 향신료를 사용했

▲ 음식에 풍미를 주거나 맵고 향기로운 맛을 더해 주는 향신료, 후추나무

제6장. 식물

다는 기록이 있어요. 또 인도에서는 기원전 3천 년 전부터 후추를 사용했다는 기록이 있고, 기원전 4세기경 알렉산더 대왕이 페르시아를 정복했을 때 페르시아 궁전에는 향신료를 담당했던 노예들이 수백 명 있었다고 전해지고 있어요.

알렉산더 대왕이 인도의 인더스강 유역까지 정복했을 때 그곳의 후추가 유럽으로 처음 전래되었을 것으로 추정하고 있어요. 유럽인들이 후추를 본격적으로 사용한 것은 십자군 원정 이후인 13세기경이에요. 당시 동방으로 원정을 떠났던 기사와 병사들이 그곳에서 후추가 들어간 음식을 먹어 보고 그 맛에 빠지게 되었고, 동방으로의 항로가 개척되면서 많은 상인들이 동방의 향신료를 유럽으로 수입하기 시작했어요.

유럽인들에게 향신료는 매우 유용한 것이었어요. 목축업이 발달한 유럽 지역에서는 겨울이 오면 가축에게 먹일 풀이 없었어요. 그래서 겨울이 오기 전에 최소한의 가축만 남기고 나머지 가축들은 죽여서 고기로 만들었어요. 하지만 고기는 저장성이 떨어져서 금방 부패하기 쉬웠어요. 사람들은 소금에 절이거나 말리는 방법으로 고기의 부패를 막기 위해 애를 썼지요.

향신료는 바로 고기의 부패를 막는 데 아주 효과적이었어요. 또 고기에 향신료를 뿌리면 맛도 풍부해졌기 때문에 유럽인들은 향신료를 통하여 다양한 음식 맛을 즐길 수 있었어요. 하지만 후추와 같은 향신료는 쉽게 구할 수 있는 것이 아니었어요. 후추는 열대성 식물이기 때문에 유럽 지역에서는 재배하지 못하고, 무역을 통해서만 들여올 수 있었기 때문에 가격이 엄청나게 비쌌어요. 수요는 많고 공급은 적다 보니 나중에는 금과 같은 가격에 거래되기도 했어요.

당시 상인들은 동양에서 후추를 사들여 비싼 값에 팔아 막대한 부를 축적하기도 했어요. 일부 사람들은 후추가 귀하고 비싼 가격에 거래되자 상인들을 거치고 않고 직접 후추를 구할 방법을 생각했어요. 초기 동방의 무역은 대부분 육로를 이용했는데, 육로는 시간도 많이 걸리고 위험한 점도 많았어요. 사람들은 육로 외에 다른 방법은 없을지를 고민했지요.

내가 바로 향신료를 구하기 위해 신항로를 개척한 선두 주자! 그 위대하다는 콜럼버스도 내 후배가 되는 셈이군.

▲ '항해 왕자'라고 불리는 포르투갈의 엔히크 왕자

제6장. 식물

더구나 14세기 초, 오스만 제국이 동방으로 가는 무역로를 차단해 버리는 사건이 일어났어요. 후추의 수입이 막히자 유럽에서는 후추 가격이 폭등하고 말았어요. 반대로 후추를 구한 사람은 엄청난 부를 쌓을 수 있었지요. 유럽의 나라들은 후추를 구하기 위해 여러 가지 방법을 생각했고, 마침내 육로가 아닌 바다로 나가는 길을 생각하게 되었어요.

유럽 각국은 이때부터 동양의 후추를 구하기 위해 바다로의 신항로를 개척하기 시작했어요. 그 첫 번째 주자가 '항해 왕자'라고 불리는 포르투갈의 엔히크 왕자였어요. 그는 15세기 초, 아프리카 서해안 지역을 처음으로 탐사하여 후추 외에 다른 향신료를 발견하는 성과를 올렸어요. 아프리카 대륙을 돌아서 인도까지 가려는 목적은 이루지 못했지만 엔히크 왕자는 신항로를 개척하려는 사람들에게 본보기가 되었어요.

1488년에는 포르투갈의 항해사 바르톨로뮤 디아스가 아프리카 최남단의 희망봉을 발견했고, 1492년에는 우리가 알고 있듯이 콜럼버스가 신대륙에 도착했어요. 그리고 1498년에는 포르투갈의 탐험가 바스코 다 가마가 그렇게 찾았던 인도에 도착할 수 있었어요. 신항로 개척과 신대륙 발견의 시발점은 모두 후추 때문이었어요. 실제로 포르투갈은 바스코 다 가마가 인도로 가는 항로를 개척한 덕분에 그렇게 바라던 후추를 손에 넣을 수 있었고, 후추 무역으로 막대한 부를 쌓을 수 있었어요.

후추를 구하기 위한 신항로 개척의 가장 큰 성과를 꼽으라면

11. 신대륙 발견을 가능하게 한 식물, 후추

단연 콜럼버스의 신대륙 발견이라고 말할 수 있어요. 후추 하나만을 찾기 위해 콜럼버스가 신대륙을 찾아 나선 것은 아니었지만 여러 요인 중 하나가 후추라는 것은 그 누구도 부인할 수 없어요. 하지만 콜럼버스는 그토록 바라던 후추를 신대륙에서 찾을 수가 없었어요. 후추는 특별한 기후에서만 자라는 식물이었기 때문이지요. 대신 콜럼버스는 다른 많은 물건들을 신대륙에서 들여왔어요. 감자, 고추, 옥수수, 고구마, 토마토 등 많은 먹거리들이 아메리카 대륙에서 유럽으로 전해질 수 있었고, 특히 감자와 옥수수는 유럽인들을 굶주림에서 구해 내기도 했어요.

후추가 인도에서만 생산되지 않고 유럽 어느 지역에서나 생산되는 식물이었다면 세계는 어떻게 되었을까요? 단순하게만 생각해 보면 후추를 찾기 위한 신항로 개척이나 신대륙 발견도 한참 후에나 이루어졌을지 몰라요. 또한 유럽 나라들의 치열한 경쟁도 없었을 거예요.

결과적으로 후추를 향한 인간의 끝없는 욕망이 세계사를 바꾼 요인이 되었으며, 후추를 사용하면서 우리의 식생활은 크게 바뀌었고, 음식의 맛에도 많은 변화를 가져올 수 있었어요.

더 알아보기

콜럼버스의 착각과 바람

이탈리아의 탐험가 콜럼버스는 지구가 둥글다고 믿었기 때문에 서쪽으로 항해를 계속하면 인도에 도달할 것이라고 확신했어요. 당시 후추 등 향신료를 구하기 위해 많은 사람들이 인도로의 신항로를 개척하고자 했지만 그것을 실천에 옮기는 사람은 없었어요. 처음으로 그런 생각을 실천에 옮긴 사람이 바로 콜럼버스였어요.

콜럼버스는 자신을 후원해 줄 사람이 필요했어요. 그는 신항로 개척에 관심이 많았던 스페인의 이사벨 여왕을 찾아가 신항로를 개척하여 인도에 도달하면 후추 등 향신료 무역으로 막대한 부를 쌓을 수 있다고 설득했고, 여왕은 이를 수락했어요.

콜럼버스는 원대한 꿈을 안고 출발했고, 마침내 신대륙에 도

11. 신대륙 발견을 가능하게 한 식물, 후추

착할 수 있었어요. 콜럼버스가 도착한 곳은 인도가 아닌 중앙아메리카 동쪽의 섬이었는데, 인도의 서쪽이라고 생각한 콜럼버스는 이곳의 이름을 '서인도 제도'라고 붙였어요. 콜럼버스는 죽을 때까지 자신이 발견한 곳을 인도라고 믿었다고 해요.

오늘날 아메리카 원주민들을 '인디언'이라고 부르게 된 것도 모두 콜럼버스 때문이에요. 콜럼버스가 자신이 발견한 곳을 인도라고 착각하여 그곳에 있던 원주민들을 '인도 사람'이라는 의미에서 '인디언'이라고 불렀던 거예요.

인도에 도착했다면 당연히 그토록 찾았던 후추가 있었을 텐데, 부하들을 데리고 몇 날 며칠을 살펴도 후추는 보이지 않았어요. 콜럼버스가 후추 대신 발견한 것이 하나 있었는데, 그건 고추였어요.

고추는 겉보기에도 후추와는 다른 식물이에요. 맛을 봐도 차이가 나지요. 그럼에도 콜럼버스는 고추를 후추라고 속여서 유럽에 들여왔다고 해요. 아마 콜럼버스도 고추가 후추가 아니라는 것을 알고 있었을 거예요. 그런데 콜럼버스가 사람들을 속인 것은 고추가 후추이기를 간절히 바랐기 때문이었을 거예요.

콜럼버스의 이런 바람은 고추의 이름에 잘 나타나 있어요. 영어로 후추는 'Pepper(페퍼)'이고, 고추는 '매운 후추'라는 의미의 'Hot Pepper(핫 페퍼)' 또는 '붉은 후추'라는 의미의 'Red Pepper(레드 페퍼)'예요. 고추 이름에 후추를 뜻하는 'Pepper'가 들어가 있어요. 또 고추를 개량한 종자인 '피망(Green Pepper)'

과 '파프리카(Sweet Pepper)'에도 모두 후추의 이름이 들어가 있어요.

콜럼버스의 바람처럼 고추가 후추가 되지는 못했지만 오늘날 고추는 후추 못지않게 아시아, 아프리카에서만큼은 사람들의 입맛을 사로잡는 식물이 되었어요. 고추는 어떻게 아시아, 아프리카 사람들의 입맛을 사로잡았을까요?

우선 고추는 음식을 오래 보존할 수 있는 효과가 있었어요. 고추는 해충의 번식을 억제하기 때문에 고추가 들어간 음식은 상하지 않아 오래 보관할 수 있었어요. 또 더운 아시아, 아프리카 대륙의 국가에서는 더위로 감퇴한 식욕을 고추의 매운맛이 돋워 주는 역할을 했어요. 이런 장점 때문에 고추는 아시아, 아프리카 지역에서 거부감 없이 받아들여졌고, 중요한 향신료 중 하나로 자리 잡을 수 있었어요.

그토록 후추를 찾으려고 애썼던 콜럼버스가 현재 고추의 영향력을 본다면 어떤 표정을 지을까요?

11. 신대륙 발견을 가능하게 한 식물, 후추

12. 달콤하지만 슬픈 식물, 사탕수수

KEYWORD 6. **식물**

　단맛을 싫어하는 친구들은 별로 없을 거예요. 달콤한 과자를 먹을 때의 기분은 느껴 보지 않은 사람은 알 수 없지요. 단맛은 '당' 성분으로 우리 인간이 활동하는 데 필요한 에너지를 공급해 주는 역할을 해요. 어른들이 '당'이 떨어져서 힘들다고 말하기도 하듯이 우리 몸은 적당한 양의 당분을 섭취해야 심리적으로 안정을 찾고 행복한 기분을 느낄 수 있어요. 반면 과도한 당분 섭취는 오히려 우리 몸을 해치기도 하지요.

　단맛을 내는 대표적인 재료가 설탕이에요. 이 설탕의 원료가 되는 식물이 바로 '사탕수수'예요. 동남아시아가 원산지인 사탕수수는 크기가 최대 6미터까지 자라는 엄청나게 큰 아열대 식물인데, 강한 햇빛 아래에서 풍부한 광합성 작용을 통해 줄기에 당을 저장해요.

사탕수수 자체를 설탕으로 사용하는 것은 아니에요. 여기에는 정제 과정이 필요해요. 사탕수수에서 설탕을 정제해 내는 기술은 인도인이 개발했어요. 초창기 사탕수수는 아열대 지역에서만 재배가 가능했어요. 그러다 보니 설탕은 구하기 어려운 재료였고, 음식으로 사용하기보다는 약재로 사용하는 경우가 많았어요. 영양실조에 걸린 사람에게 단맛을 내는 설탕이나 꿀을 먹이면 바로 효과가 나타났다고 해요.

사탕수수에서 설탕을 얻기 전에는 무엇으로 단맛을 느꼈을까요? 최초의 단맛은 '꿀'이었을 거라고 많은 사람들이 추측하고 있어요. 초기의 인류는 먹이를 찾아 이동하는 중에 우연히 벌꿀을 먹었을 확률이 높아요. 실제로 기원전 2500년 무렵 인간이 벌꿀

▲ 설탕의 원료가 되는 식물, 사탕수수

12. 달콤하지만 슬픈 식물, 사탕수수

을 먹었다는 증거가 남아 있어요.

설탕이 세상에 알려진 것은 기원전 4세기경 알렉산더 대왕 때 예요. 알렉산더 대왕이 인도를 침략했을 때 인도인들이 갈대와 같은 식물 줄기에서 단맛이 나는 즙을 짜는 것을 보았다고 해요. 병사들은 이 광경에 놀랐고, 그 줄기를 '꿀벌 없이 꿀을 만드는 갈대'라고 소개했어요. 그 줄기가 바로 사탕수수였던 거지요. 또 사탕수수에서 설탕을 정제하는 과정에 대해서는 5세기경 힌두교의 문헌에 나타나 있다고 해요.

페르시아에서는 500년경 사탕수수를 재배했다는 기록이 있어요. 이슬람교의 창시자 무함마드는 설탕을 전 세계로 전파하는데 큰 역할을 했어요. 페르시아에서 사탕수수를 발견한 무함마드는 정복지마다 사탕수수를 전래했고, 그런 까닭에 8세기 초에는 이집트까지 들어갈 수 있었어요. 이집트인들은 사탕수수 재배와 정제 기술까지 발전시켰고, 이후로 사탕수수는 지중해를 거쳐 스페인 지역까지 퍼져 나갔어요.

십자군 전쟁은 설탕이 전 세계로 전파되는 데 큰 역할을 했어요. 11세기부터 13세기 사이에 일어났던 십자군 전쟁으로 동방의 설탕 제조 기술은 유럽으로 넘어오면서 더 발전했고, 다시 베네치아 상인들은 설탕 무역으로 막대한 부를 쌓을 수 있었어요. 이후 15세기경 신항로가 개척되면서 사탕수수는 아프리카와 아메리카 대륙으로 퍼져 나갔어요.

15세기 초, 설탕과 후추는 무역에서 가장 중요한 품목이었어요. 그런데 15세기 중반, 오스만 제국이 콘스탄티노플(현재 이스탄불)을 정복하면서 설탕 무역에 큰 문제가 발생했어요. 이집트 지역이 점령되면서 유럽으로 들어오는 설탕 공급이 끊겨 버린 거예요. 설탕이 귀해지자 유럽인들은 새로운 설탕 공급지를 찾아야 했고, 그곳이 바로 신대륙이었던 셈이에요.

여기에는 콜럼버스의 공이 컸어요. 후추를 찾아 나섰던 콜럼버스는 신대륙에 도착했지만 그곳에는 후추가 없었어요. 콜럼버스는 후추 대신 새롭게 부를 창출할 만한 것을 찾던 중 카리브해(중앙아메리카 지역)의 따뜻한 기후를 떠올렸고, 그곳을 사탕수수 재배지로 삼았어요.

스페인은 카리브해 지역에서 재배된 사탕수수를 유럽으로 들여왔고, 그로 인해 막대한 부를 쌓을 수 있었어요. 스페인이 신대륙에서 사탕수수로 큰 부를 쌓자 다른 유럽 나라들도 사탕수수 재배를 시작했어요.

사탕수수를 재배하기 위해서는 많은 노동력이 필요했고, 노동의 강도도 엄청나게 높았어요. 최대 6미터에 달하는 사탕수수 나무를 베어 내는 일은 엄청난 힘을 필요로 했고, 1년 내내 재배가 가능한 식물이었기 때문에 늘 많은 인원이 필요했어요. 또 수확이 끝난 뒤 사탕수수 줄기에서 설탕을 정제해 내는 데에도 많은 노동력이 필요했어요. 사탕수수를 수확하고 나면 줄기 안의 당이 있는 부분은 차츰 굳어지는데, 줄기가 굳기 전에 가열해서 설탕을 추출해야 했어요. 그래서 그들은 대량으로 사탕수수를 수확해

12. 달콤하지만 슬픈 식물, 사탕수수

서 한꺼번에 정제하는 과정으로 설탕을 만들었어요. 사탕수수 재배와 정제는 대량으로 한꺼번에 해야 했기 때문에 많은 노동력이 필요했어요.

그렇다면 유럽인들은 사탕수수 재배에 필요한 많은 노동력을 어떻게 해결했을까요? 처음에는 아메리카 원주민들을 사탕수수 재배에 이용했어요. 그런데 원주민들이 각종 전염병으로 죽자 그들을 대체할 사람들을 아프리카에서 데려왔어요.

아프리카의 흑인 노예들은 마치 일만 하는 기계처럼 취급당하며 온종일 사탕수수 재배에 시달려야 했어요. 흑인 노예들은 짧은 기간 동안 가혹한 노동에 시달리다가 죽는 경우가 빈번했고, 다치거나 병이 들면 그대로 버려졌어요. 이렇게 흑인 노예들이 죽어나간 자리에는 아프리카에서 데려온 또 다른 흑인 노예들이 채워졌어요. 15세기부터 시작된 노예 무역으로 아프리카에서 아메리카 대륙으로 끌려간 흑인 노예들은 천만 명 이상이었다고 해요.

아프리카 흑인 노예들의 피와 땀, 눈물을 생각한다면 결코 설탕이 달콤하다고만 말할 수는 없을 거예요. 당시에는 흑인 노예들의 피가 배어 있지 않은 설탕이 없어 설탕을 두고 '악마의 창조물'이라 불렀다고 해요.

설탕은 17세기경 다시 유럽에서 폭발적인 인기를 끌었어요. 그건 중국에서 유럽으로 전해진 홍차 때문이었어요. 건강에 좋다고 알려진 홍차는 원래 조금 씁쓸한 맛이 있어요. 동양인들은 홍차의 씁쓸한 맛을 즐겼는데, 유럽인들 입에는 잘 맞지 않았어요.

그래서 유럽인들은 홍차에 설탕을 넣어 마시기 시작했어요.

유럽의 상류층들은 한 잔의 홍차를 마시는 시간을 즐겼는데, 나중에는 하층민에게도 퍼져 나갔고 설탕의 수요는 폭발적으로 증가했어요. 하지만 이때에는 수요가 증가해도 설탕의 가격은 오르지 않았어요. 이미 사탕수수의 재배 면적이 늘어나면서 설탕의 공급도 폭발적으로 늘어났기 때문이에요.

설탕은 우리가 사는 세상을 어떻게 바꾸어 놓았나요? 설탕의

▲ 사탕수수밭에서 땀 흘리는 흑인 노예들

12. 달콤하지만 슬픈 식물, 사탕수수

성질처럼 달콤하고 행복하게 만들었나요? 많은 사람들이 이 말에 동의하겠지만 설탕의 달콤함 뒤에 숨어 있었던 흑인 노예들의 피와 눈물을 잊어서는 안 될 거예요.

대서양 노예 무역과
노예 무역의 폐지

노예 제도는 오랜 옛날부터 우리나라뿐 아니라 세계 어디에서나 쉽게 볼 수 있는 제도였어요. 노예들은 물건처럼 쉽게 주고받고, 시장에서 사고 팔리는 가장 비인간적인 취급을 받았어요. 대표적인 것이 대서양 노예 무역이었어요.

대서양 노예 무역은 유럽의 여러 나라들이 아프리카 흑인 노예들을 대서양을 건너 아메리카 대륙에 팔아넘긴 것을 말해요. 포르투갈에서는 이미 1444년에 아프리카 노예를 수입하여 판매하는 노예 시장이 있었다고 해요.

대서양 노예 무역은 16세기에 본격적으로 시작되었어요. 16세기부터 스페인과 영국은 대서양 노예 무역으로 많은 이득을 보았는데, 18세기 말에 가장 활발하게 이루어졌어요. 16세기에서

19세기 사이에 대서양 노예 무역으로 아프리카에서 아메리카 대륙으로 실려 간 노예는 약 1,200만 명이나 된다고 해요. 그런데 이 숫자는 아메리카 대륙에 도착한 인원을 말하고, 실제는 1,500만 명의 흑인이 노예선에 실려 아메리카 대륙으로 갔다고 알려져 있어요. 300만 명은 노예선 안에서 죽었다는 이야기예요. 그리고 1,200만 명도 가혹한 노동으로 인해 3년이 지나면 대부분 목숨을 잃었어요.

이런 비인간적인 노예 무역은 18세기 후반, 인도주의와 민주주의 운동이 일어나면서 점차 비판의 목소리가 높아졌어요. 노예 제도와 노예 무역을 폐지하자는 협회도 만들어졌고, 정치권에서도 이러한 움직임이 있었어요. 영국 국회의 하원의원이었던 윌리엄 윌버포스는 1792년 노예 무역을 점차적으로 폐지하자는 결의안을 만들어 하원을 통과시켰고, 1807년 마침내 영국에서는 노예 무역이 폐지되었어요.

덴마크는 영국보다 앞선 1802년에 노예 무역을 폐지했고, 미국은 1807년에 노예 무역을 금지했어요. 프랑스는 1819년부터 폐지했고, 기타 유럽의 많은 나라들도 점차적으로 노예 무역을 금지했어요. 하지만 노예 무역이 완전히 폐지된 것은 아니었어요. 왜냐하면 많은 나라에서 노예 제도를 유지하고 있었기 때문이에요. 노예 제도가 유지되고 있는 한 노예 무역의 완전한 철폐는 어렵다고 판단한 윌리엄 윌버포스는 노예 제도 폐지 운동을 전개하여 1833년 영국에서 노예 제도를 폐지시키는 데 공을 세웠어요.

영국은 1838년 8월 1일 서인도 제도의 노예들을 풀어 주는 노예 해방령을 발표했어요. 이렇게 되자 프랑스도 1848년 2월 혁명을 계기로 노예제를 폐지하였고, 마지막으로 미국도 1862년 링컨 대통령이 노예 해방을 선언함으로써 사실상 노예 제도가 폐지되었어요.

제7장

국제기구

'인류의 역사는 전쟁의 역사다.'

이 말은 인류의 역사를 가장 핵심적으로 보여 주는 말이에요. 정말 인류의 역사는 전쟁의 역사일까요? 역사를 잘 모르는 친구들은 곰곰이 생각해 봐야 하겠지만 조금이라도 역사를 아는 친구들이라면 금방 고개를 끄덕일 거예요.

우리가 살고 있는 현재의 모습을 한번 생각해 보세요. 지금의 모습이 되기 전에는 어떤 일이 있었을까요? 수많은 나라들이 나타났다가 사라지는 상황들이 무수히 반복되었어요. 모두가 전쟁 때문이었지요. 상대방의 재산과 땅을 뺏기 위하여 무수히 많은 전쟁을 일으켜 때론 무너지고, 때론 쟁취하면서 현재의 모습이 된 거예요.

불과 몇 십 년 전만 해도 지구에 있는 많은 나라들은 서로 경쟁하면서 살았어요. 자기 나라의 이익을 위해 서로 뺏고, 뺏기는 전쟁을 해야 했지요. 물론 지금도 전쟁이 완전히 사라진 것은 아니지만 예전처럼 상대방의 영토를 뺏고, 사람들을 죽이는 그런 전쟁은 많이 없어졌어요.

왜 그렇게 되었을까요? 왜 갑자기 사람들은 전쟁을 멀리하게 되었을까요? 이유는 아주 간단해요. 어느 순간부터 서로 싸움을 하는 것은 모두에게 피해를 주며, 결국 모두가 함께 멸망한다는 것을 알았기 때문이에요. 핵무기를 생각하면 쉽게 이해가 될 거예요. 핵무기는 지구 전체를 멸망의 길로 가게 하는 강력한 무기니까요.

사람들은 싸움보다는 화합과 평화, 모두가 함께 잘 살 수 있고 모두가 함께 행복할 수 있는 길을 찾기 시작했어요. 그런 생각에서 출발한 것이 바로 국제기구예요. 세계 곳곳에서 일어나고 있는 갈등이나 문제를 잘 조정할 수 있는 단체나 기구가 필요하게 되었던 거지요.

국제기구는 주권을 가진 2개 이상의 나라들이 조약에 의해 만든 국제 협력 단체예요. 국제법에 의해 설립되었고, 독자적인 지위를 갖고 있어요. 국제기구 중 가장 대표적인 기구가 바로 유엔(UN)이에요. 유엔은 제2차 세계 대전이 끝나고 전쟁 방지와 평화 유지를 위해 설립되었어요. 유엔은 세계에서 가장 큰 국제기구이기도 해요. 유엔의 업무를 총괄하는 직책이 사무총장인데, 우리나라의 반기문 전 유엔 사무총장이 규모가 가장 큰 유엔의 업무를 총괄한 적도 있었어요.

지금은 유엔뿐만 아니라 많은 국제기구들이 만들어져 활동하고 있어요. 모두가 함께 발전하고, 함께 행복할 수 있는 지구를 만들어 가기 위해 생겨난 것들이에요. 세계 곳곳의 문제와 갈등을 해결해야 하는 만큼 국제기구는 세계 여러 나라의 사람들이 함께 어울려 일하는 곳이기도 해요.

여러분도 나중에 어른이 되어서 이런 국제기구에서 일해 보면 어떨까요? 보다 넓은 세상에서 다양한 사람들과 어울리며 세계의 평화를 위해 일한다면 매우 의미 있는 삶이 될 거라고 생각해요.

이번 장에서는 가장 큰 국제기구이자 세계 평화의 지킴이 역할을 하고 있는 '유엔'과 유럽을 하나의 국가처럼 만든 '유럽연합'에 대해 알아볼 거예요. 과연 유엔과 유럽연합은 우리가 사는 세상을 어떻게 바꾸어 놓았을까요?

13.

세계의 관리자이자
평화 지킴이, 유엔(UN)

유엔(UN)은 가장 큰 국제기구이고, '국제연합'이라고도 불러요. 유엔이 생기기 전에도 세계는 국제 관계의 갈등을 조정하기 위해 기구를 만든 적이 있었어요.

제1차 세계 대전이 끝나고 난 뒤, 다시는 끔찍한 전쟁의 참상을 경험하지 않기 위해 '국제연맹'이라는 기구를 만들었어요. 하지만 국제연맹은 그 기능을 제대로 수행하지 못했고, 결국 제2차 세계 대전이 터지고 말았어요.

세계 각국의 수뇌부들은, 전쟁은 곧 모두의 멸망을 초래한다고 생각하여 제2차 세계 대전이 한창 진행 중이던 1943년 미국과 영국을 중심으로 '연합국 기구'를 만들기로 결정했어요. 연합국 기구는 2년간의 논의 끝에 탄생했는데, 이 기구가 바로 유엔이에요.

제2차 세계 대전이 막바지에 이른 1945년 4월 샌프란시스코에서 열린 연합국 회의에 전 세계 50개국 대표가 참석했어요. 이 회의에서 유엔 헌장이 작성되었고, 6월 26일 공식적으로 결정되었어요. 그리고 그해 10월 24일 유엔 헌장이 발효되면서 유엔은 공식적으로 출범했어요. 유엔 창설일인 10월 24일은 '유엔의 날'로 지정하여 각국에서도 기념하고 있어요. 지금은 지구상의 거의 모든 나라가 평화로운 지구를 만들기 위해 유엔에 가입해 있어요.

유엔의 창설 목적을 한마디로 정의하면 '국제 평화와 안전 유지'예요. 국가 간 친목을 도모하고, 모든 일에 서로 협력하자는 의미를 담고 있어요. 유엔이 국제연맹과 다른 점은 평화를 해치는 행동에 대해서는 군사력을 동원하여 응징할 수 있는 힘을 가졌다는 거예요.

1990년 이라크가 쿠웨이트를 침공했을 때 유엔은 그 역할을 톡톡히 했어요. 전쟁이 발발하자 유엔은 곧바로 평화유지군을 파견하여 이라크를 응징했어요. 지금은 힘 있는 나라가 함부로 약한 나라를 침공할 수 없게 되었어요. 유엔이 있기 때문이지요.

지구상의 모든 나라가 평화를 이루기 위해서는 무엇보다 전쟁이 일어나지 않아야 해요. 또 전쟁이 일어날 위험이 있는 지역의 안전을 유지하는 것도 매우 중요한 일이에요. 지금도 세계 곳곳에서는 크고 작은 다툼이 일어나고 있어요. 이런 다툼이 전쟁으로 발전하지 않게 하는 것도 바로 유엔의 중요한 역할이에요.

유엔은 많은 일들을 하고 있기 때문에 운영비도 많이 들어가는데 현재 회원국들이 내는 분담금(회비)으로 운영되고 있어요. 분담금은 각 나라의 국민 소득에 따라 정해져요. 즉, 잘사는 나라는 많이 내고, 가난한 나라는 적게 내는 방식이에요. 우리나라도 많은 분담금을 내고 있는 나라 중 하나예요. 회원국들이 내는 분담금은 주로 평화 유지 활동에 사용되고 있어요.

유엔은 대표적인 국제기구답게 사용하는 공식 언어도 많아요. 영어, 프랑스어, 스페인어, 러시아어, 아랍어, 중국어까지 총 6개 언어를 사용하고 있어요. 그래서 유엔에서 발송하는 모든 공문 또한 6개 언어로 작성돼요.

▲ 유엔에서 사용하는 공식 언어 6가지

13. 세계의 관리자이자 평화 지킴이, 유엔(UN)

유엔은 효율적인 운영을 위해 6개의 주요 기관과 산하에 여러 개의 전문 기구(178쪽 '더 알아보기' 참조)를 두어 세계 각지에서 일어나고 있는 다양한 일들에 관여하고 있어요. 6개의 주요 기관은 총회, 안전보장이사회, 경제사회이사회, 국제사법재판소, 사무국, 신탁통치이사회예요.

총회는 유엔에 가입한 회원국 전체가 모여서 중요한 안건을 논의하고 결정하는 전체 회의예요. 유엔에서 하는 일을 지시하고 책임을 지는 곳이기도 하고, 유엔에서 중요한 일을 하는 사람을 선출하는 곳이기도 해요. 유엔의 업무를 총괄하는 사무총장도 총회에서 선출해요.

안전보장이사회는 국가 간의 평화와 안전을 유지하는 일을 하고 있어요. 유엔의 가장 궁극적인 목적을 수행하고 있는 곳이자

▲ 국제연합을 상징하는 국기

가장 큰 힘을 발휘하는 곳이에요. 뉴스에서 '유엔 안보리'라는 말을 많이 들어 보았을 텐데, 안전보장이사회를 줄여서 부르는 말이에요.

그렇다면 안정보장이사회는 왜 가장 큰 힘을 발휘하는 곳이 되었을까요? 그것은 다른 조직에서 내리는 결정 사항은 법적인 구속력이 없는 권고 사항이지만, 안전보장이사회의 결정 사항은 법적인 구속력이 있기 때문이에요. 만약 안전보장이사회에서 내린 결정 사항을 따르지 않으면 군대를 동원하여 제재를 가할 수도 있어요. 1990년 걸프 전쟁 때에도 안전보장이사회의 결정으로 평화유지군이 파견될 수 있었던 거예요.

안전보장이사회가 가장 커다란 힘을 발휘하는 곳이다 보니 이곳에는 아무나 들어갈 수가 없어요. 안전보장이사회는 상임이사국 5개국과 비상임이사국 10개국으로 구성되어 있는데, 특히 상임이사국인 미국, 영국, 프랑스, 러시아, 중국의 의견이 중요해요. 만약 어떤 나라에 제재를 가하려면 이들 다섯 나라가 모두 찬성해야 가능하기 때문이에요.

경제사회이사회는 유엔의 경제, 사회, 문화적 활동을 지휘하고 조정하는 역할을 하고 있어요. 경제사회이사회는 활동 범위가 넓기 때문에 여러 전문 기구들과 협정을 맺고 함께 활동하고 있어요.

우리 인간이 행복하게 살기 위해서는 정치, 경제, 사회, 문화 등 모든 분야가 조화를 이루어야 해요. 경제사회이사회는 여러 기구들과 협력해서 일하기 때문에 유엔의 기구 중에서 가장 두드러진 활동을 하고 있는 곳이라고 볼 수 있어요.

국제사법재판소는 국가 간의 법률적인 분쟁을 재판으로 해결하기 위해 설립한 국제 법원이에요. 유엔의 다른 기관들은 본부를 뉴욕에 두고 있지만, 국제사법재판소의 본부는 네덜란드 헤이그에 있어요. 헤이그는 일제강점기 때 일본의 부당한 한국 침략을 세계에 알린 이준 열사가 순국한 곳이기도 해요.

국제사법재판소는 국가 간의 분쟁을 해결하는 곳이지만 한 가지 규칙이 있어요. 그건 분쟁에 처한 두 나라 모두가 심판을 요청할 때에만 나설 수 있다는 거예요. 어떤 문제든 한쪽에서만 요구하면 판결을 내릴 수가 없어요.

만약 재판소의 결정을 따르지 않는 나라가 있다면 총회나 안전보장이사회에서 제재를 가할 수가 있어요. 경제적 제재일 수도 있고, 군사적 제재일 수도 있어요. 그러니까 재판소의 결정은 쉽게 거부할 수 있는 게 아니에요.

사무국은 유엔의 모든 직원이 함께 모여서 일하는 곳이에요. 유엔의 모든 업무는 사무국에서 처리되는 거예요. 특히 사무국 직원들은 세계 시민에게 봉사한다는 의미에서 '국제공무원'이라고 불리고 있어요.

사무국에서 일하는 직원들은 국제공무원인 만큼 모두 외국어에 능통하고, 상호 협동성이 뛰어난 사람들이에요. 사무국 직원은 각 나라, 각 지역에서 골고루 선발하고 있는데 분담금을 많이 내는 비율에 따라 사무국 직원을 선발한다고 해요.

사무국의 수장인 사무총장은 사무국 직원의 인사권을 갖고 있으며, 세계 최고의 외교관이자 중개자이기 때문에 국가원수와 같은 대우를 받는다고 해요. 사무총장의 임기는 5년이고, 한 번 더 연임할 수 있어요. 사무국의 본부는 뉴욕에 있고 케냐 나이로비, 오스트리아 빈, 스위스 제네바에 별도의 사무국을 두고 있어요.

신탁통치이사회는 1994년 이후 그 기능이 사라졌어요. '신탁통치'는 '대신 다스린다'는 뜻이에요. 스스로 나라를 다스릴 능력이 없는 지역을 일정 기간 동안 대신 통치하는 것을 말해요. 보통 전쟁이 끝난 뒤 정치가 안정되지 않은 국가에서 신탁통치를 많이 받았어요. 일정 기간 동안 유엔의 주도 아래서 신탁통치를 받다가 정치가 안정된 후에 신탁통치를 종료했어요. 1994년 이후로는 신탁통치를 할 곳이 없어졌기 때문에 지금은 활동이 없는 기관이에요.

유엔이 없었다면 우리가 사는 세상은 어떻게 되었을까요? 깊이 생각해 보지 않아도 전쟁이 빈번하게 일어나서 어쩌면 지구라는 별은 사라져 버렸을지도 몰라요. 유엔은 지구상의 분쟁과 갈등을 조정하여 평화를 가져온 대표적인 국제기구예요.

■ 유엔 부분 내용은 《세계를 움직이는 국제기구》(박동석 저, 봄볕)의 일부 내용을 새로 편집한 것입니다.

유엔의 전문 기구

유엔교육과학문화기구(유네스코, UNESCO)

유엔교육과학문화기구(이하 유네스코)는 교육, 과학, 문화 등의 분야에서 서로 협력하여 세계 평화와 인류의 발전을 이룩하려고 만든 유엔의 전문 기구예요. 유네스코를 설립하려는 움직임은 제2차 세계 대전 중에 있었어요. 연합국의 교육 장관들은 올바른 교육으로 세계 평화에 기여할 수 있는 방법을 찾았고, 그 결과 유네스코 설립을 결의했어요. 평화를 이루기 위해서는 정치적인 힘보다 교육이나 문화적인 교류가 더 중요함을 깨달았기 때문이에요.

1945년 11월 전 세계 37개국 대표들이 영국 런던에 모여 유네스코를 창설했어요. 현재 유네스코 본부는 프랑스 파리에 있으며, 전 세계 거의 모든 나라가 가입해 있어요. 우리나라는 1950

년에 유네스코에 가입했어요.

유네스코에서 하는 일 중 가장 많이 알려진 것이 바로 인류의 위대한 유산을 지정하여 보호하는 일이에요. 유네스코는 인류의 소중한 유산을 기억하고 보존하기 위해 세계 문화 유산, 세계 자연 유산, 세계 기록 유산으로 지정하여 다양한 활동을 펼치고 있어요.

국제원자력기구(IAEA)

국제원자력기구는 원자력의 평화적인 이용과 공동 관리를 위해 설립한 유엔의 전문 기구예요. 원자력을 전쟁 무기로 사용하지 못하게 하고, 원자력을 사용할 때에는 방사능 피해가 없도록 세계가 안전하게 관리하자는 취지에서 만들게 된 거예요.

원자력은 사람을 살릴 수도 있고, 죽일 수도 있는 강력한 힘을 갖고 있어요. 원자력을 잘 이용하면 우리 인간에게 유용하지만, 잘못 사용되면 끔찍한 결과를 초래하기 때문이에요. 제2차 세계 대전 중 일본에 떨어진 원자폭탄은 한순간에 많은 사람들의 목숨을 앗아갔고, 그 피해는 지금까지 이어지고 있어요.

원자력을 이용하여 만든 핵무기는 이제 지구를 멸망시킬 정도로 강력한 힘을 갖추었어요. 지금의 핵무기는 일본에 떨어진 원자폭탄보다 수백 배의 폭발력을 지니고 있다고 해요. 또 원자력은 무기로 사용되지 않더라도 우리가 잘못 사용하면 방사능 물질이 발생하여 인체나 자연환경에 치명적인 위험을 줄 수 있어요.

세계는 원자력을 잘못 사용하면 인류 전체가 멸망할지도 모른다는 생각을 하게 되었고, 원자력을 안전하게 관리할 목적으로 국제원자력기구를 만들게 된 거예요. 국제원자력기구는 1957년 설립되었고, 본부는 오스트리아 빈에 있으며, 전 세계 170개국 넘는 나라가 가입해 있어요.

국제통화기금(IMF)

국제통화기금은 우리에게 익숙한 이름이에요. 영어 약자인 'IMF'로 더 잘 알려져 있지요. 우리나라는 1997년 외환 위기를 맞아 국제통화기금의 도움을 받았던 경험이 있어요.

국제통화기금은 환율 안정, 국제 수지를 안정적으로 유지시켜 각국의 경제 성장에 도움을 주기 위해 설립된 국제금융기구예요. 또 국제통화기금은 회원국의 요청이 있을 경우 자금을 지원해 주는 역할도 하고 있어요.

국제통화기금에서 하는 일 중 가장 중요한 것이 환율과 국제 수지의 안정이에요. 환율은 자국 돈과 외국 돈의 교환 비율을 말해요. 환율은 수시로 변하기 때문에 각 나라의 경제에 큰 영향을 미칠 수 있는데, 국제통화기금이 환율을 적절히 조정하여 각국의 경제에 큰 피해가 없게끔 도와주는 역할을 하는 거예요.

국제 수지는 일정 기간 동안 행해졌던 국가 간의 모든 거래를 화폐 단위로 바꾸어 체계적으로 분류한 것을 말해요. 국제 수지는 흑자를 볼 경우도 있고, 적자를 볼 경우도 있어요. 국제통화기금은 각 나라가 흑자와 적자를 보았을 경우에 적절히 국제 수지를 조절하여 경제에 큰 피해가 없도록 하고 있어요.

국제통화기금은 1944년 설립되었고, 본부는 미국 워싱턴에 있으며, 전 세계 180개국 이상의 나라가 가입해 있어요. 지금처럼 경제가 중요한 시기에는 국제통화기금의 역할이 더욱 커지고 있지요.

세계보건기구(WHO)

세계보건기구는 세계인의 건강 관리를 위해, 좀 더 구체적으로 말하면 세계의 모든 사람들이 최고의 건강 수준에 도달하는 것을 목적으로 설립된 유엔의 전문 기구예요.

전 세계를 둘러보면 질병에 시달리면서도 치료를 받지 못해서 목숨을 잃는 경우가 참 많아요. 가난한 나라의 사람들은 매우 좋지 않은 환경에서 살아가기 때문에 전염병에 걸릴 확률도 높아요. 또 가난하기 때문에 치료를 받을 능력도, 환경을 개선할 능력도 없어요. 세계보건기구는 이런 나라의 사람들이 건강하게 생활할 수 있도록 도움을 주고 있는 기구예요.

흔히 건강이라고 하면 육체적인 건강만을 생각하는 경우가 많아요. 하지만 세계보건기구가 생각하는 건강은 육체적 건강만을 의미하지 않아요. 세계보건기구의 헌장에 의하면 건강은 '단순히 질병이 없는 상태가 아니라 육체적, 정신적, 사회적으로 완전히 안정된 상태'를 말해요. 이처럼 세계보건기구는 인류의 정신적 건강까지 책임진다는 목표 아래 활동하고 있는 매우 중요한 유엔의 전문 기구예요.

세계보건기구는 1948년 설립되었고, 본부는 스위스 제네바에 있으며, 전 세계 거의 대부분의 나라가 가입해 있어요. 세계보건기구는 매년 4월 7일을 '세계 보건의 날'로 지정하여 기념하고 있는데, 이날은 세계보건기구가 설립된 날이에요.

14. 유럽을 하나의 국가처럼 만든 기구, 유럽연합(EU)

KEYWORD 7. **국제기구**

유럽연합은 유럽 대륙에 속한 나라들끼리 서로 사이좋게 지내자는 의미에서 만들어진 국제기구예요. 이처럼 유럽이 하나의 공동체, 하나의 국가처럼 운영되는 기구를 만든 것은 유럽의 역사에서 그 이유를 찾을 수 있어요.

유럽은 다른 대륙보다는 좁은 면적을 가진 대륙이지만 많은 국가들이 모여서 살고 있는 곳이에요. 그러다 보니 크고 작은 분쟁이 자주 일어났어요. 과학과 문화가 먼저 발전한 곳이기도 하지만, 세계 전쟁과 같은 인류의 비극이 가장 많이 발생했던 곳이기도 해요.

언제부터인가 유럽의 국가들은 싸우면서 살아가는 것은 서로에게 피해만 줄 뿐 아무런 도움이 되지 않는다는 것을 깨달았어요. 이런 생각을 가장 먼저 한 것은 프랑스였어요. 프랑스는 유럽의 다른 나라들보다 정치, 경제적으로 안정되어 있었기 때문에 유럽 통합에 대한 생각을 할 수 있었던 거예요.

두 차례의 세계 대전이 끝난 뒤 프랑스는 다른 유럽 국가들에게 유럽 통합에 대한 의견을 제시했어요. 하지만 다른 유럽 국가들은 자국의 입장을 먼저 생각하느라 프랑스의 제안을 받아들일 여유가 없었어요. 이에 프랑스는 정치적인 통합에 앞서 경제나 사회 부문의 통합을 다시 제안했어요. 그 결과 1951년 프랑스, 독일 등 6개국이 참석하여 '유럽석탄철강공동체(ECSC)'를 출범시킬 수 있었어요. 1957년에는 '유럽경제공동체(EEC)'와 '유럽원자력공동체(Euratom)'가 연이어 설립되면서 유럽 국가들은 경제적인 측면에서 공동 운명체가 되었어요.

뒤이어 1967년에는 유럽석탄철강공동체, 유럽경제공동체, 유럽원자력공동체가 통합되어 '유럽공동체(EC)'가 출범했어요. 1986년에는 유럽의 12개 나라가 유럽공동체에 가입했고, 이들은 경제 통합을 넘어서 정치 통합도 이루자고 합의했어요. 하지만 정치 통합은 생각처럼 쉽지 않았어요. 각 나라의 의견이 엇갈렸기 때문이에요.

그러던 중 1991년 4월에 룩셈부르크가 유럽공동체보다 한 단계 더 발전된 공동체를 제안했어요. 그것은 공동 시장과 단일 화폐를 사용하고, 공동으로 외교 안보 정책을 수립하며, 사법 분야까지 협력하자는 제안이었어요. 이 제안 역시 한동안 합의를 이루

지 못하다가 몇몇 나라의 양보와 타협으로 간신히 합의점을 찾게
되었어요.

이렇게 해서 1991년 12월 네덜란드의 마스트리히트에서 유
럽 통합에 대한 합의가 이루어졌고, 1992년 2월 마침내 유럽연
합에 관한 조약, 즉 '마스트리히트 조약'이 체결되었어요. 마스트
리히트 조약은 1993년 11월 발효되었고, 조약의 발효와 동시에
'유럽연합(EU)'이 탄생했어요.

유럽연합의 기본 운영 방침은 모두 마스트리히트 조약에 나와
있어요. 조약의 가장 중심 내용은 공동 시장과 단일 화폐를 단계
적으로 도입한다는 것이에요. 또 유럽이사회가 유럽연합의 관리
주체가 되고, 체결 당사국의 시민은 자국의 시민권을 갖는 동시에
유럽연합의 시민권을 갖는다는 내용도 포함되어 있어요.

유럽은 하나의 국가야!
국경도 없고,
모두가 같은 화폐를 사용하거든.

▲ 유럽연합 국기와 화폐

14. 유럽을 하나의 국가처럼 만든 기구, 유럽연합(EU)

1993년 유럽연합 설립 당시에는 네덜란드, 독일, 룩셈부르크, 벨기에, 이탈리아, 프랑스, 덴마크, 아일랜드, 영국, 그리스, 스페인, 포르투갈 등 12개국만 회원국으로 참여했어요. 1995년에 스웨덴, 오스트리아, 핀란드가 가입했고, 2004년에는 라트비아, 리투아니아, 몰타, 슬로바키아, 슬로베니아, 에스토니아, 체코, 키프로스, 폴란드, 헝가리가 가입했어요. 2007년에는 루마니아, 불가리아가 가입했고, 2013년에는 크로아티아가 가입하여 28번째 회원국이 되었어요.(2016년 영국은 유럽연합 탈퇴를 선언했고, 2020년 탈퇴가 확정되면서 현재 유럽연합에는 27개 국가가 가입되어 있음)

유럽연합의 가장 큰 특징 하나를 꼽는다면 단연 '단일 화폐'를 들 수 있어요. 유럽연합 회원국들이 공동으로 사용하는 단일 화폐는 '유로(Euro)'인데, 1999년에 완성되어 2002년부터 12개 국

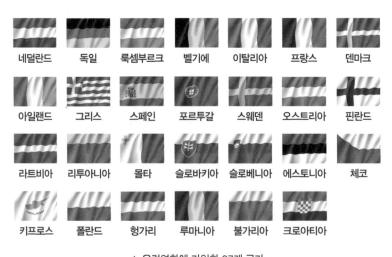

▲ 유럽연합에 가입한 27개 국가

가에서 사용되기 시작했어요.

유럽연합 회원국들이 단일 화폐인 유로를 사용하는 것은 굉장히 큰 의미가 있어요. 한 나라에서 두 가지 화폐를 사용하지 않듯이, 여러 나라가 하나의 화폐를 사용한다는 것은 결국 유럽연합이 하나의 나라와 같다는 것을 뜻하기 때문이에요. 하지만 유럽연합 회원국 모두가 단일 화폐인 유로를 사용하는 것은 아니에요. 유럽연합에서 제시하는 일정한 기준에 미달하면 유로를 사용할 수가 없어요. 이렇게 하는 이유는 각 나라의 서로 다른 경제 수준을 무시하고 동일 화폐를 사용하면 엄청난 혼란이 생길 수 있기 때문이에요. 또 자국의 경제를 생각해서 일부러 유로를 사용하지 않는 나라도 있어요.

유럽연합 회원국 중에서 유로를 사용하는 나라를 가리켜 '유로존 국가'라고 불러요. 현재 유로를 사용하는 회원국은 오스트리아, 벨기에, 키프로스, 핀란드, 프랑스, 독일, 에스토니아, 그리스, 아일랜드, 이탈리아, 라트비아, 리투아니아, 룩셈부르크, 몰타, 네덜란드, 포르투갈, 슬로베니아, 슬로바키아, 스페인 등 총 19개국이에요. 덴마크, 스웨덴, 불가리아, 체코, 헝가리, 폴란드, 루마니아, 크로아티아 등 8개국은 유럽연합 회원국이지만 유로를 사용하지 않고 있어요.

유럽연합이 출범하면서 유럽은 새롭게 태어났어요. 예전과 같은 갈등과 분쟁은 줄어들었고, 모두가 평화를 지키며 행복하게 살기 위해 노력하고 있지요. 하지만 유럽연합의 출범이 모두에게 환

14. 유럽을 하나의 국가처럼 만든 기구, 유럽연합(EU)

영받는 것은 아니에요. 한 나라 안에서도 불평등이 존재하듯이 여러 국가들이 모여 있는 유럽연합에서도 그런 불평등이 발생할 수 있기 때문이지요. 실제 유럽연합 국가들 사이에 경제적 불평등이 존재하자 일부 국가들은 탈퇴하려는 움직임도 보였어요. 대표적인 나라가 영국이에요.

유럽연합이 경제적 불평등을 극복하고 안정된 기구, 안정된 하나의 나라로 성장하기 위해서는 각 회원국 간의 양보와 배려, 타협 정신이 많이 요구되고 있는 상황이에요.

■유럽연합 부분 내용은 《세계를 움직이는 약속 국제조약》(박동석 저, 책고래)의 일부 내용을 새로 편집한 것입니다.

유럽연합 출범에 큰 공헌을 한 솅겐 조약

솅겐 조약은 여행자들에게 가장 반가운 조약이자, 유럽연합을 출범시키는 데 큰 공헌을 한 조약이라고 말할 수 있어요. 솅겐 조약은 간단하게 말하면 조약 체결국 간에 자유롭게 통행하기 위하여 국경을 철폐하고, 서로 정보를 공유하자는 약속이에요. 이 조약은 유럽연합 출범보다 먼저 체결되었고, 지금은 유럽연합의 일부가 되었어요.

유럽연합은 하나의 국가라고 볼 수 있어요. 하나의 국가라고 한다면 통행에 제약이 있어서는 안 되지요. 우리가 우리나라를 여행할 때 아무런 제약을 받지 않듯이 유럽연합이 하나의 국가처럼 운영된다면 회원국 간 통행에 제약이 있어서는 안 된다는 의미예요. 솅겐 조약은 바로 이런 통행의 제약을 없앤 조약이에요.

14. 유럽을 하나의 국가처럼 만든 기구, 유럽연합(EU)

두 나라 간 국경이 없어졌다고 생각해 보세요. 더 나아가 유럽 연합 회원국 간 국경이 없어졌다고 생각해 보세요. 그것은 유럽연 합이 하나의 국가가 되었다는 증거이며, 공동 운명체가 되었다는 것을 의미해요. 그런 의미에서 솅겐 조약을 유럽연합 출범에 큰 공헌을 한 조약이라고 말한 거예요.

솅겐 조약은 벨기에, 독일, 프랑스, 네덜란드, 룩셈부르크 등의 5개 나라가 1985년 6월에 룩셈부르크의 작은 마을인 솅겐에서 맺은 조약이에요. 조약이 체결된 지역의 이름을 따서 솅겐 조약이 라고 불러요.

이 조약이 체결되고 난 뒤 곧바로 국경이 철폐된 것은 아니에 요. 왜냐하면 국경이 없어질 경우 일어날 수 있는 여러 가지 문제들 을 면밀히 검토할 시간이 필요했기 때문이에요. 조약이 체결된 후 5년의 시간이 지난 1990년 6월 마침내 솅겐 조약을 실시하겠다는 새로운 협정을 맺을 수 있었어요. 또 그 이후에도 상당한 준비 기간 을 거친 후 1995년에 비로소 솅겐 조약은 실시될 수 있었어요.

솅겐 조약이 실시되기 전까지 유럽 각국의 시민들은 국경을 통과할 때 여권과 비자 등을 제시해야 했고, 출입국 심사에 상당 한 비용과 시간을 들여야 했어요. 그런데 솅겐 조약이 실시되면서 이런 번거로운 과정들이 모두 사라지게 되었어요. 또 솅겐 조약이 실시되기 이전에 범죄자들은 국경을 넘어 다른 나라에 들어가게 되면 더 이상 경찰의 추적을 받지 않았는데, 이 조약으로 각국의 경찰들은 서로 정보를 공유하면서 국경을 넘어 계속해서 범죄자들을 추적할 수 있게 되었어요.

　현재 셴겐 조약에는 총 32개의 나라가 가입되어 있는데, 실제로 이 조약이 실시되고 있는 나라는 26개 나라예요. 셴겐 조약 시행 협정을 맺은 벨기에, 프랑스, 독일, 네덜란드, 룩셈부르크를 시작으로 그해 11월 이탈리아, 1991년에는 스페인과 포르투갈, 1992년 그리스, 1995년 오스트리아, 1996년 덴마크, 핀란드, 아이슬란드, 노르웨이, 스웨덴, 2000년 아일랜드, 영국, 2004년 키프로스, 체코, 에스토니아, 헝가리, 라트비아, 리투아니아, 몰타, 폴란드, 슬로바키아, 슬로베니아, 스위스, 2007년 불가리아, 루마니아, 2008년 리히텐슈타인, 2013년 크로아티아가 조약에 서명했어요.

　그런데 이들 국가 중 영국과 아일랜드는 셴겐 조약을 실시하지 않고 단지 '셴겐 정보 시스템'만 공유하고 있는 상황이에요. 또 루마니아와 불가리아, 크로아티아와 키프로스는 조약 실시가 보류된 상태예요. 따라서 현재 셴겐 조약을 실시하고 있는 나라는 총 26개국이에요. 유럽연합 회원국 중에서 셴겐 조약이 실시되지 않고 있는 나라는 아일랜드, 루마니아, 불가리아, 키프로스, 크로아티아 등 5개 나라이고, 유럽연합 비회원국이면서 셴겐 조약이 실시되고 있는 나라는 노르웨이, 스위스, 아이슬란드, 리히텐슈타인 등 4개 나라예요. 특히 셴겐 조약은 가입국 국민들뿐 아니라 비가입국 국민들에게도 큰 차별 없이 적용되는 아주 유용한 조약이에요.(단, 비가입국 국민들에게는 몇 가지 조건이 있음)

14. 유럽을 하나의 국가처럼 만든 기구, 유럽연합(EU)

제8장

혁명

'혁명'이라는 말은 조금 무서운 느낌을 줄 수도 있어요. 우리가 자주 쓰는 말도 아닐뿐더러 보통 혁명이 일어나면 사람들이 죽거나 피를 흘리는 경우가 많기 때문이지요. 이런 결과만 놓고 보면 혁명은 분명 무서운 말일 수도 있어요. 하지만 자세히 살펴보면 혁명이 있었기에 우리 인류는 보다 나은 세상으로 발전할 수 있었고, 풍요로운 삶을 살 수 있었어요. 혁명은 더 나은 세상을 만들기 위한 사람들의 바람이 표출된 행동이며, 그런 행동을 통하여 지금의 사회를 만들었다고 볼 수 있어요.

혁명을 사전에서 찾아보면 '헌법의 범위를 벗어나 국가 기초, 사회 제도, 경제 제도, 조직 따위를 근본적으로 고치는 일, 이전의 왕통을 뒤집고 다른 왕통이 대신하여 통치하는 일, 이전의 관습이나 제도, 방식 따위를 단번에 깨뜨리고 질적으로 새로운 것을 급격하게 세우는 일'이라고 나와 있어요. 조금 더 간단하게 정리하면 혁명은 '정치, 경제, 사회, 문화 등의 분야에서 급격한 변화가 일어나 새로운 체제가 형성되는 것'이라고 정의할 수 있지요.

사실 혁명은 매우 정치적인 용어라고 볼 수 있어요. 어떤 파괴적인 힘을 가하여 기존 정치 체제를 뒤엎고, 새로운 정치 체제를 만들 때 혁명이라는 용어를 많이 사용하기 때문이지요. 물론 지금은 농업 혁명, 산업 혁명, 정보 혁명처럼 사회, 문화적으로 큰 변화가 일어날 때에도 혁명이라는 용어를 사용하기 때문에 그 범위가 많이 넓어졌어요.

그런데 매우 정치적인 용어인 혁명을 여러분이 왜 알아야 할까요? 그것은 우리 인류의 역사가 혁명을 통하여 변화하고 발전했기 때문이에요. 인류의 역사는 성공하거나 실패한 모든 혁명을 통하여 오늘날과 같은 사회를 만들었어요. 어떻게 보면 지금 우리가 사는 세상은 혁명이 만들어 낸 하나의 선물이라고도 볼 수 있어요.

혁명은 대부분 두 세력의 갈등으로 시작돼요. 쉽게 말하면 지배 계층과 피지배 계층 간의 갈등이에요. 두 세력의 갈등은 거의 대부분 폭력이나 피를 불러오고, 그런 과정을 통해서 인류는 변화, 발전할 수 있었어요. 그리고 혁명의 중심에는 언제나 우리 인간이 있었어요. 더 나은 세상을 만들기 위한 인간들의 외침, 인간들의 고귀한 희생, 인간들의 위대한 힘이 혁명을 이끌었고 우리 역사를 발전시켜 왔어요.

혁명은 결코 무서운 말이 아니에요. 혁명은 늘 우리 주변에 있었어요. 지금 우리가 사는 세상이 바로 혁명으로 만들어진 세상이기 때문이지요. 그러니까 혁명을 안다는 것은 곧 역사를 안다는 것과 같아요. 또한 우리 자신에게도 혁명은 필요해요. 혁명이 없는 삶은 정체되고 발전할 수 없기 때문이지요. 그런 까닭에 혁명은 항상 가까이해야 될 이름이에요.

이 장에서는 우리가 사는 곳을 더 나은 세상으로 만드는 데 많은 영향을 끼쳤던 '프랑스 대혁명'과 '아이티 혁명'에 대해 알아볼 거예요. 프랑스 혁명은 절대 왕정과 봉건 질서가 무너지고 자유와 평등사상이 전파되는 데 큰 역할을 했다고 알려져 있어요. 또 아이티 혁명은 세계 역사상 유일하게 성공한 노예 혁명이라는 의미가 있어요.

프랑스 대혁명과 아이티 혁명은 우리가 사는 세상을 어떻게 바꾸어 놓았는지 좀 더 자세히 알아보기로 할까요?

15.

자유와 평등사상을 세상에 전파한 프랑스 대혁명

KEYWORD 8. **혁명**

 프랑스 역사상 가장 유명한 전제 군주는 루이 14세라고 볼 수 있어요. 그는 '태양왕'이라고 불리며 베르사유 궁전을 건축했고, 막강한 권력을 휘둘렀어요. 처음에는 비교적 안정되게 국가를 유지했지만 1685년 종교의 자유를 보장했던 '낭트 칙령'을 철회하면서 내리막길을 걷기 시작했어요. 종교의 자유를 찾아서 많은 수공업자들이 프랑스를 떠났고, 산업은 급속히 쇠퇴했기 때문이에요.

 산업이 쇠퇴하면서 왕실 재정이 악화되자 정부는 각종 세금을 부과했고, 그로 인해 왕과 귀족에 대한 국민들의 불만도 점점 쌓여 갔어요. 1774년 루이 16세가 왕위에 오르면서 프랑스의 재정은 더 심각한 상황에 이르렀어요. 이 시기에 미국 독립 전쟁에 비용을 지원하면서 엄청난 빚을 져야 했고, 마침내 국가 파산 상태가 되었어요. 이렇게 되자 루이 16세는 1789년 삼부회를 소집했어요.

삼부회는 성직자, 귀족, 제3신분(시민 계급)의 대표자들이 모여서 하는 회의예요. 성직자와 귀족들은 정부의 빚을 제3신분에게 떠넘기려고 삼부회 소집을 요구한 거였어요. 반대로 제3신분의 사람들은 세금을 없애 줄 것을 요구하려고 단단히 벼르고 있었지요. 하지만 삼부회의 의결 방식은 제3신분의 사람들이 절대 이길 수 없는 구조였어요. 제3신분의 사람들은 의결 방식을 바꾸자고 요구했고, 성직자와 귀족들은 그럴 수 없다고 버텼어요.

제3신분의 대표자들은 더 이상 회의를 계속하는 것은 의미가 없다고 판단하고, 궁전 안 테니스 코트에서 '국민 의회'를 결성했어요. 그리고 헌법이 새로 제정될 때까지 절대 해산하지 않기로 결정했어요. 이것이 유명한 '테니스 코트의 서약'이에요.

루이 16세는 국민 의회를 해산시키기 위해 군대를 이용하려고 했고, 이 소식은 곧바로 파리 시민들에게 알려졌어요. 국민 의회가 무너지면 시민들의 요구 사항도 물거품이 되기 때문에 파리 시민들은 곧바로 거리로 뛰쳐나왔어요.

카미유 데물랭이라는 청년은 맨손으로는 왕의 군대를 이길 수 없다며 바스티유 감옥을 습격하여 무기를 탈취하자고 주장했어요. 바스티유 감옥은 정치범들을 수용하는 곳이었는데, 그곳에는 많은 무기와 탄약이 있었어요.

1789년 7월 14일 파리 시민들은 바스티유 감옥을 습격했어요. 이로써 프랑스 파리에서 혁명의 불꽃이 타오르게 되었어요. 시민들의 봉기로 바스티유 감옥은 함락되었고, 이 소식은 전국으로 퍼져 나갔어요. 이 소식을 들은 지방의 농민들도 귀족들을 습격하여 호적과 토지 문서를 불살라 버렸어요.

농민들의 폭동이 점점 더 거칠어지자 국민 의회는 헌법 제정을 서둘렀고, 1789년 8월에 봉건 신분제를 폐지하는 법령을 공포했어요. 또 인권 선언을 제정하여 법 앞에 평등하고, 사상과 표현의 자유를 누리며 과세의 공평, 사유 재산의 자유, 국민 주권 등 혁명의 정의와 이념을 대내외에 알렸어요. 하지만 루이 16세는 인권 선언의 승인을 자꾸 미루었고, 분노한 파리 시민들은 다시

▲ 1789년 7월 14일 일어난 파리 시민들의 바스티유 감옥 습격 사건

15. 자유와 평등사상을 세상에 전파한 프랑스 대혁명

일어섰어요.

1789년 10월 파리 시민들은 베르사유 궁전으로 행진하며 왕을 파리로 데려가자고 외쳤어요. 루이 16세와 왕비 마리 앙투아네트는 시민들의 요구에 따라 결국 파리로 돌아올 수밖에 없었어요.

국민 의회는 개혁에 박차를 가했어요. 교회의 재산을 몰수하는 법을 제정했고, 행정과 사법 제도도 새롭게 정비했으며, 왕의 권한을 제한하는 영국식 입헌군주제를 기반으로 한 헌법 개정 작업도 시작했어요. 이때까지만 해도 국민 의회는 왕의 존재를 부정하지 않았어요. 만약 루이 16세가 이런 상황을 깨달았다면 단두대에서 처형되는 일은 없었을 거예요. 하지만 루이 16세는 잘못된 결정을 하고 말았어요.

▲ 탈출을 시도하다 시민군에게 붙잡힌 루이16세와 마리 앙투아네트

1791년 6월 루이 16세는 왕비 마리 앙투아네트의 오빠인 오스트리아 황제 레오폴트 2세에게 프랑스를 침략하라는 서신을 보내고 난 뒤, 자신은 왕비와 함께 파리의 궁을 탈출했어요. 하지만 루이 16세가 탄 마차는 국경 부근에서 시민군에게 잡히고 말았어요.

왕이 탈출하다가 붙잡혔다는 소식은 곧바로 파리 시민들에게 알려졌어요. 시민들의 분노는 다시 폭발했고, 왕을 처형하자고 외쳤어요. 시민들은 왕정을 폐지하고 공화정을 수립해야 한다고 주장했어요.

국민 의회는 왕정을 옹호하는 왕정파와 공화정을 주장하는 공화파로 나누어져 있었는데, 왕정을 지지하는 세력이 더 컸어요. 왕정파들은 왕을 헌법 아래에 두는 입헌군주제를 선택하고, 봉건제를 완전히 폐지하는 헌법을 제정했어요. 또 일정 수준의 세금을 내는 성인 남자에게 선거권을 부여했어요. 하지만 왕정파들이 제정한 헌법은 하층 시민들의 입장이 전혀 반영되지 않은 조치였기 때문에 하층민들은 불만이 많았어요.

파리 시민들은 다시 일어설 수밖에 없었어요. 1792년 9월 입헌군주제에 반대하는 시민들이 파리 시청을 점령했고, 루이 16세가 있는 왕궁으로 진격했어요. 시민들은 왕을 체포하고 의회를 장악했어요. 1792년 9월 의회는 해산되고 '국민 공회'가 들어섰어요. 국민 공회는 공화정을 선포했어요.

공화정이 시작되었지만 다시 의회는 부르주아 계급의 지롱드파와 하층 시민과 농민을 대변하는 자코뱅파로 나누어졌어요. 두 세력은 루이 16세의 재판을 두고도 의견이 갈렸는데 결국 루이 16세는 1793년 1월 자코뱅파의 주장대로 단두대에서 처형되었어요. 그해 10월 왕비 마리 앙투아네트도 단두대에서 처형되었어요.

루이 16세가 처형되자 왕의 처형에 반대했던 지롱드파는 난감한 상황에 처했어요. 그들은 위기에서 벗어나기 위해 먼저 자코뱅파를 무너뜨릴 계획을 세웠어요. 하지만 이들의 계획은 시민들에게 발각되었고, 지롱드파는 모두 의회에서 쫓겨났어요. 그렇게 해서 국민 공회는 모두 자코뱅파로 채워졌어요.

1793년 6월 자코뱅파의 지도자 로베스피에르는 혁명을 완수하기 위해 공안위원회를 설치하고 모든 권력을 장악했어요. 로베스피에르는 시민들의 지지를 얻기 위해 헌법을 새로 제정했어요. 이 헌법에는 물가를 안정시키고, 농민들의 토지 소유를 보장하며, 모든 성인의 선거권을 인정하는 내용이 들어가 있었어요.

로베스피에르가 이렇게 개혁을 하는 동안 지롱드파와 왕정을 옹호하는 일부 세력들은 외국 군대의 도움을 받아 자코뱅파를 무너뜨리려는 계획을 세웠어요. 이 소식을 들은 로베스피에르는 1793년 8월 비상사태를 선포하고 혁명 정부를 수립했어요. 그리고 무자비하게 반대 세력을 숙청했어요. 혁명을 방해한다는 의심만 들면 무조건 잡아다가 재판소에 세웠고, 혐의가 인정되면 곧바로 처형했어요. 이른바 공포 정치가 시작되었어요.

공포 정치 기간 동안 약 만 명 이상이 처형되었다고 해요. 하지만 로베스피에르의 공포 정치도 오래가지 못했어요. 혁명 정부 내에서 권력 다툼이 생기면서 공포 정치도 조금씩 금이 가기 시작했어요. 그러자 움츠리고 있었던 국민 공회는 1794년 7월 로베스피에르를 기습적으로 체포하여 처형해 버렸어요.

로베스피에르가 처형되자 의회는 다시 부르주아 계급이 장악했어요. 혁명을 성공시킨 사람들은 노동자와 농민이었지만 그 혁명의 혜택은 의회를 장악한 부르주아 계급들이 받았어요. 의회를 장악한 부르주아 계급은 자코뱅파들이 만들어 놓았던 하층민들 위주의 정책을 모두 폐기했어요. 노동자와 시민들은 부르주아 계급의 공화정을 비판했고, 왕정을 옹호하는 세력들도 공화정을 비판했어요.

1795년 10월 왕정을 옹호하는 세력들이 반란을 일으키자 의회는 이를 진압할 책임자로 나폴레옹을 선택했어요. 나폴레옹은 반란을 진압하고 프랑스 군대를 총괄하는 사령관이 되었어요. 사령관이 된 나폴레옹은 1799년 쿠데타를 일으켜 정권을 장악했고 혁명은 끝났다고 선언했어요.

나폴레옹의 집권으로 프랑스 대혁명은 막을 내렸어요. 하지만 프랑스 대혁명으로 인해 세상은 많이 바뀌었어요.

정치적으로는 절대 왕정이 무너졌고, 시민 계급이 정치의 중심부로 나가면서 자유와 평등사상이 세상에 전파되었어요. 경제적으로는 봉건 제도가 무너졌고, 자본주의의 토대가 마련될 수 있었어요. 또한 불평등한 신분제도 폐지될 수 있었고, 시민이 주체가 되는 근대 시민 사회가 형성될 수 있었어요. 프랑스 대혁명은 세계가 근대 시민 사회로 나아가는 데 큰 역할을 한 사건이라고 볼 수 있어요.

나폴레옹의 등장과 집권

나폴레옹은 1769년 지중해 서쪽의 작은 섬인 코르시카섬의 이탈리아계 지주 집안에서 태어났어요. 1779년 아버지를 따라 프랑스로 건너가 육군학교에 들어갔고, 1784년에는 육군사관학교에 입학했어요. 1785년 사관학교를 졸업하고 곧바로 포병 장교로 임관했어요.

프랑스 혁명이 일어났을 때 나폴레옹은 프랑스 남부에서 근무하고 있었어요. 루이 16세가 처형되고, 로베스피에르가 정권을 잡자 나폴레옹은 로베스피에르의 동생인 오귀스탱에게 접근하여 신임을 얻었어요.

1793년 왕정을 옹호하는 왕당파의 반란이 일어났을 때 나폴레옹은 이를 진압하는 데 큰 공을 세웠고, 이후 사단장이 되었어요. 하지만 1794년 로베스피에르가 처형되자 그와 친분이 있었던 나폴레옹도 감옥에 갇히는 신세가 되었어요.

1795년 다시 왕당파들이 반란을 일으키자 누군가 반란을 진압할 지휘자로 나폴레옹을 천거했고, 나폴레옹은 반란을 진압하고 최고 사령관이 되었어요. 1796년에는 이탈리아 원정군 총사령관이 되어 전쟁터에 나갔는데 가는 곳마다 승리를 이루어 프랑스의 영웅으로 떠올랐어요. 하지만 나폴레옹은 이집트 원정 도중에 후방이 차단되며 고립되는 위기를 맞았어요. 프랑스 본국에 지원을 요청했지만 본국도 영국과의 전쟁에 패하는 바람에 나폴레옹을 도와줄 상황이 아니었고 아주 혼란한 상태였어요.

1799년 나폴레옹은 자신을 따르는 일부 병사들을 이끌고 이집트를 떠나 파리로 몰래 돌아왔어요. 나폴레옹은 정국이 혼란한 틈을 타서 정권을 잡으려고 생각했어요. 당시 프랑스는 1795년부터 총재 정부에 의해 운영되고 있었어요. 총재 정부는 5명의 총재가 행정부를 지휘하고, 의회는 '원로원'과 '500인 회의'의 이원제로 운영되고 있었어요.

전쟁터를 떠나 파리로 돌아온 나폴레옹은 자신과 의견을 같이하는 일부 의원들의 도움을 받아 쿠데타를 일으켰어요. 하지만 원로원과 500인 회의의 의원들은 나폴레옹의 쿠데타에 반기를 들었어요.

나폴레옹은 곧바로 군대를 동원하여 반대하는 의원들을 몰아냈어요. 그리고 임시 통령 정부를 수립했어요. 나폴레옹은 자신을 지지하는 의원 100여 명에게 부탁하여 통령 정부를 승인하게 만들었고, 3명의 통령을 선출했어요. 곧이어 의회는 새로운 정부를 통령 정부로 하는 것과 나폴레옹을 임기 10년의 제1통령으로 한다는 새 헌법을 공포했어요.

통령 정부는 3명의 통령으로 이루어졌지만, 제2통령과 제3통령은 명예직에 불과했어요. 모든 권력은 제1통령인 나폴레옹이 차지했어요. 형식상으로 제2통령은 법을, 제3통령은 재정을 책임지고 제1통령은 행정과 외교, 군사 등 실질적인 권한을 모두 가져갔어요.

1799년 11월 확실하게 정권을 잡은 나폴레옹은 헌법을 공포하면서 혁명은 끝났다고 선언했어요. 나폴레옹은 이때부터 모든 권력을 잡고, 결국 황제의 자리까지 올랐지만 나중에는 섬에 유폐되어 비참한 최후를 맞고 말았어요.

16. 역사상 유일하게 성공한 노예 혁명, 아이티 혁명

KEYWORD 8. **혁명**

　1492년 콜럼버스가 신대륙을 발견한 이후 유럽의 많은 나라들은 신대륙에 식민지를 건설했어요. 유럽 열강들은 식민지를 건설하고 난 뒤 그곳에 있던 원주민들을 동원하여 설탕이나 담배, 커피 등의 작물을 재배해서 막대한 부를 쌓았어요. 그런데 원주민들은 유럽 사람들이 가져온 각종 전염병에 감염되어 대부분 목숨을 잃고 말았어요. 유럽 열강들은 농장에서 일할 사람이 부족해지자 노동력을 확보하기 위하여 아프리카 대륙에서 흑인들을 데려왔어요.

　16세기부터 19세기까지 아프리카에서 신대륙으로 끌려온 흑인들은 약 1,500만 명이라고 알려져 있어요. 아프리카에서 신대륙으로 오는 도중 배 안에서 죽은 흑인들만 해도 약 300만 명에 이른다고 해요. 흑인들은 물건처럼 비좁은 공간에 움직일 수도 없게 촘촘히 포개어 실렸는데, 이런 환경 때문에 수많은 흑인들이 질병과 굶주림으로 배 안에서 목숨을 잃고 말았어요.

콜럼버스가 신대륙을 발견하고 난 뒤 처음으로 식민지를 건설한 곳은 히스파니올라섬이었어요. 히스파니올라섬은 카리브해에 있는 섬 중에서 두 번째로 큰 섬이에요.

원래 히스파니올라섬 전체가 에스파냐의 식민지였는데 1697년 프랑스가 이 섬의 서쪽 3분의 1을 빼앗아 자신들의 식민지로 삼고 '생도맹그'라고 이름 붙였어요.(에스파냐는 한때 히스파니올라섬 전체를 '산토도밍고'라고 불렀는데, 생도맹그는 산토도밍고의 프랑스어 이름임. 현재 생도맹그는 아이티 공화국이고, 섬의 3분의 2는 도미니카 공화국임)

생도맹그는 사탕수수 재배에 최적의 조건을 갖춘 땅이었기 때문에 프랑스로서는 가장 중요한 식민지 중 하나였어요. 프랑스는 사탕수수 재배를 위해 아프리카에서 계속 노예들을 데려왔고, 그 수가 50만 명이나 되었어요.

생도맹그에서 살아가는 흑인 노예들의 삶은 비참했어요. 죽지 않을 정도의 음식만 먹으면서 새벽부터 밤늦게까지 백인들의 농장에서 일해야 했고, 결국 이런 생활 끝에 수없이 많은 노예들이 죽어 갔어요. 백인들은 자신들보다 수가 많은 노예들이 혹시 반란이라도 일으키지 않을까 염려되어 더 혹독하게 흑인 노예들을 다스렸어요. 그래서 일부 노예들은 도망쳐서 백인들과 충돌하는 경우도 있었어요.

1789년 프랑스 본국에서 일어난 혁명은 생도맹그에도 변화의 바람을 몰고 왔어요. 그 바람은 먼저 백인 내부에서 일어났어요. 부유한 농장주 밑에서 일하는 백인 관료들도 혁명의 바람에 편승하여 불만을 터트렸어요. 다급해진 농장주들은 흑인 노예들보다는 나은 삶을 살고 있었던 '물라토(백인과 흑인의 혼혈)'들에게 도움을 요청했어요. 그러자 물라토들도 이 기회에 신분 상승을 노리며 그 대가로 투표권을 달라고 요구했어요. 백인들 입장에서는 말도 안 되는 요구였지요.

생도맹그는 백인 내부의 갈등, 백인과 물라토 사이의 갈등이 겹쳐 매우 위태로운 상황이었고, 흑인 노예들도 이런 상황을 지켜보고 있었어요. 흑인 노예들도 반란을 꿈꾸고 있었던 거예요.

1791년 결국 생도맹그의 흑인들도 무장봉기를 일으켰어요. 흑인들은 백인들의 집을 습격하여 그들에게 당한 만큼 보복했어요. 이때 흑인 노예들의 지도자로 나타난 사람이 투생 루베르튀르였어요. 투생의 아버지도 흑인 노예였지만 농장주의 마음에 들어 관리자 생활을 하며 약간의 재산도 모으는 등 다른 흑인 노예들보다는 나은 생활을 하고 있었어요. 투생은 아버지 덕분에 어려서부터 글을 배우고 관리자로 일하며 결혼도 할 수 있었지요.

반란이 일어나자 프랑스 본국은 처음에 특사를 파견하여 중재하려고 했는데, 서로의 입장 차이가 너무 커서 무산되었어요. 결국 프랑스는 생도맹그를 무력 진압하기로 결정했어요.

생도맹그에서 반란이 일어나자 처음 이곳을 지배했던 에스파냐도 다시 생도맹그를 찾기 위해 군대를 파견했고, 영국도 이 싸움에 뛰어들었어요. 프랑스는 아주 난감한 상황에 처하고 말았지요. 흑인 노예들이 모두 에스파냐나 영국 편에 서게 되면 최악의 상황에 빠질 수밖에 없었어요.

프랑스의 우려대로 일부 흑인 지도자들은 에스파냐의 군대에 가담했어요. 투생도 이때 에스파냐 군대에 가담했어요. 다급했던 프랑스는 1794년 모든 프랑스 영토 내에서 노예제를 폐지한다고 선언했어요. 노예제 폐지 소식을 들은 흑인 노예들은 곧바로 투생의 지휘 아래 프랑스 군대에 합류했고, 에스파냐와 영국은 생도맹그에서 물러날 수밖에 없었어요.

노예제 폐지 덕분에 생도맹그에는 새로운 사회가 형성되었어요. 투생은 부총독이 되었고, 흑인들은 자유민으로 살 수 있었어

▲ 투생 루베르튀르의 모습이 새겨진 아이티 20구르드 지폐

16. 역사상 유일하게 성공한 노예 혁명, 아이티 혁명

요. 하지만 여전히 백인들과 물라토, 흑인 사이의 갈등은 존재했어요.

투생의 노력에도 이들 사이의 갈등은 해소되지 않았고, 흑인들은 이 기회에 아예 백인들을 몰아내고 자신들만의 나라를 세우자고 선동했어요. 하지만 투생은 생도맹그가 프랑스에서 독립하기에는 이르다고 판단했어요. 투생은 인종 통합을 위해 많은 노력을 기울였지만 흑인들은 투생이 백인들의 편을 든다며 점점 투생에게서 멀어져 갔어요.

1799년 프랑스 본국에서 일어났던 혁명은 나폴레옹의 집권으로 막을 내렸어요. 정권을 잡은 나폴레옹은 막대한 부를 생산하는 생도맹그를 되찾기 위해 1802년 르클레르에게 2만 명의 병사를 주며 점령하라고 명령했어요. 투생은 프랑스에 맞서 싸우자고 소리쳤지만 투생에게서 멀어진 흑인들은 그의 말을 듣지 않았어요. 이런 상황을 눈치 챈 프랑스는 흑인들을 회유하면서 계속해서 진격해 나갔어요.

프랑스의 회유 작전에 투생의 측근들은 항복했고, 투생 또한 더 이상 버티지 못하고 항복하고 말았어요. 투생은 프랑스로 압송되었고, 1803년 4월에 추위와 굶주림 속에서 쓸쓸하게 생을 마감했어요. 투생이 죽고 나자 흑인들은 나폴레옹의 본심을 알게 되었어요. 흑인들은 이제 노예로 살 것인지, 아니면 프랑스에 대항할 것인지 택해야 했어요.

흑인들의 선택은 프랑스에 대항하는 것이었어요. 흑인들은 새로운 지도자로 투생을 따르던 데살린을 선출했어요. 생도맹그의 모든 흑인들은 데살린의 지휘 아래 프랑스와 용감하게 싸웠어요. 1803년 12월 흑인들은 프랑스 군대와 일전을 펼쳤고 결국 승리했어요. 이에 프랑스는 생도맹그를 포기하고 철수할 수밖에 없었어요.

1804년 1월 1일 생도맹그의 흑인들은 '아이티'라는 이름으로 독립 공화국을 선포했어요. 생도맹그의 흑인 노예들은 자신들의 힘으로 세계 최초로 독립 국가를 세웠어요. 아이티는 원주민어로

▲ 아이티의 독립 영웅, 투생 루베르튀르와 데살린

16. 역사상 유일하게 성공한 노예 혁명, 아이티 혁명

'산이 많은 땅'을 의미해요.

아이티 혁명의 성공은 자신들의 운명을 개척하기 위해 기꺼이 목숨을 바친 흑인 노예들의 헌신적인 투쟁 정신과 투생 루베르튀르, 데살린이라는 뛰어난 지도자가 있었기에 가능했어요. 아이티 혁명은 세계사에 몇 가지 기록을 남긴 매우 의미 있는 혁명이었어요.

아이티는 미국에 이어 아메리카 대륙에서 두 번째로 독립 국가가 되었으며, 흑인 노예들의 혁명으로 만든 최초의 흑인 공화국이라는 명예도 얻었어요. 아이티 혁명은 이후 많은 흑은 노예들에게 영향을 주었고, 그 결과 전 세계적으로 노예 제도와 노예 무역이 폐지되는 데에도 영향을 끼친 혁명이었어요.

혁명의 지도자,
투생 루베르튀르

투생 루베르튀르의 본명은 투생 브레다였어요. 1743년 생도 맹그에서 태어났지만 그의 정확한 출생일은 모르고 5월이라고 추정할 뿐이에요. 투생의 아버지도 흑인 노예였는데, 그는 다른 노예들과는 조금 다른 대우를 받았어요. 투생의 아버지는 농장주의 총애를 받아 농장의 관리인으로 일하며 약간의 토지도 소유할 수 있었어요.

투생은 아버지 덕분에 비교적 어린 나이에 글도 배울 수 있었고, 집사 노릇을 하며 아버지처럼 괜찮은 대우를 받으면서 생활했어요. 1777년에는 법적으로 노예 상태에서 해방되었고, 결혼하여 2명의 아들도 낳았어요.

1791년 생도맹그 북부 지방에서 노예 반란이 일어났을 때 투생은 관여하지 않았어요. 하지만 노예 반란의 규모가 커지자 주인을 도망갈 수 있게 도운 다음 반란 집단에 가담했어요. 투생은 곧 반란 지도자들의 무능함을 알아챘고, 직접 병력을 모아 훈련시켰어요. 그리고 이때부터 '길을 여는 사람'이라는 뜻의 '루베르튀르'를 자신의 이름으로 사용했어요.

생도맹그에서 반란이 일어나자 원래 이곳을 다스렸던 에스파냐도 군대를 파견하여 되찾으려 했고, 영국도 군대를 파견했어요. 1793년 프랑스와 에스파냐가 전쟁을 시작하자 흑인 지도자들은 에스파냐 군대에 가담했어요. 투생도 에스파냐 군의 장군으로 전쟁에 참가하여 뛰어난 활약을 펼쳤어요.

프랑스 군대는 사면초가에 빠졌고, 가는 곳마다 패배했어요. 프랑스는 사태를 반전시킬 방안을 찾다가 1794년 노예제 폐지를 선언했어요. 프랑스가 노예제 폐지를 선언한 뒤 생도맹그의 흑인 노예들은 프랑스 편으로 돌아섰어요. 그러자 전세는 곧바로 역전되었어요. 투생과 흑인 노예들의 활약으로 프랑스는 에스파냐와 영국을 생도맹그에서 몰아낼 수 있었어요. 투생은 이 전쟁에서 큰 공을 세워 프랑스 군대의 장군으로 임명되었어요.

노예제 폐지로 생도맹그는 새로운 사회가 되었고, 투생은 부총독의 자리까지 올라갔어요. 하지만 여전히 백인들과 물라토, 흑인들 사이의 갈등은 존재했어요.

1796년경 생도맹그 총독이 프랑스 본국으로 귀환하자 투생은 실질적으로 생도맹그를 지배했어요. 처음에 투생은 백인과 물라토, 흑인들 사이의 갈등을 해결하기 위해 많은 노력을 기울였어요. 하지만 그의 노력은 오히려 흑인들의 반감을 불러일으켰어요. 투생이 백인과 물라토들을 대변한다고 생각했기 때문이에요.

생도맹그에서 조금씩 내부 분열이 일어날 무렵 프랑스 본국에서도 큰 변화가 있었어요. 나폴레옹이 정권을 잡게 된 거예요. 나폴레옹은 정권을 잡고 난 뒤 새로운 헌법을 제정했고, 모든 식민지에도 적용했어요. 그러자 투생은 1801년 자체적으로 헌법을 제정하여 발표했어요. 이에 나폴레옹은 투생이 반역을 저질렀다고 규정하고 르클레르에게 투생을 잡아오라고 명령했어요.

1802년 생도맹그에 도착한 프랑스 군대는 조금씩 생도맹그를 점령해 나갔어요. 투생의 정책에 반감을 품었던 흑인들과 투생의 지배에 불만이 가득했던 백인 계급들은 프랑스 군대에 가담했고, 프랑스 군대의 회유 작전에 투생의 일부 측근들도 항복하기에 이르렀어요. 투생은 남은 사람들과 끝까지 프랑스 군대에 대항했지만 결국 1802년 5월 항복하고 말았어요.

투생은 곧바로 프랑스 본국으로 압송되었고, 나폴레옹은 투생을 깊은 산속에 감금시켰어요. 산속에 감금된 투생은 점점 건강이 나빠졌고, 결국 1803년 4월 숨을 거두었어요. 흑인들뿐만 아니라 생도맹그에 살고 있던 모든 인종들의 통합을 위해 헌신했던 투생은 그 바람을 이루지 못하고 쓸쓸하게 생을 마감하고 말았어요.

제9장

조약

오늘날 지구상에서는 많은 나라, 많은 민족들이 서로 화합하면서 평화를 유지하며 살고 있어요. 물론 일부 나라, 일부 민족들은 저마다의 욕심으로 다툼을 벌이기도 하지만 전체적으로 보면 평화로운 상태라고 말할 수 있지요.

과거에는 이런 평화 상태가 별로 없었어요. 자국의 이익을 위하여 상대의 영토를 빼앗고, 많은 사람들을 죽이는 전쟁이 빈번하게 일어났지요. 지금과 같은 평화 상태가 오게 된 건 제2차 세계대전 이후였어요.

왜 사람들은 제2차 세계 대전 후 전쟁을 멈추게 되었을까요? 많은 사람들이 전쟁은 결국 모두의 파멸을 불러온다는 것을 알았기 때문이에요. 이때부터 사람들은 갈등이 생기거나 갈등의 조짐

이 보이면 대화와 타협으로 전쟁이 일어나지 않게 만들었어요. 갈등이 생겨도 평화롭게 살자고 약속을 한 거지요.

과거에도 이런 약속들이 있긴 했어요. 하지만 과거에는 그 약속이 잘 지켜지지 않았고, 그런 까닭에 빈번하게 전쟁이 일어났던 거예요. 요즘 이루어지는 약속은 과거의 약속과는 많이 달라요. 여러 가지 법적인 책임도 따르고, 전 세계 여러 나라들이 지켜보고 있기 때문이지요. 만약 어느 나라가 약속을 지키지 않으면 전 세계의 많은 나라들이 제재를 가할 수도 있으므로 잘 지킬 수밖에 없어요.

이처럼 나라와 나라 사이에 이루어지는 약속을 '조약'이라고 말해요. 오늘날 맺어지는 조약은 문서 형식으로 체결되고, 꽤 복잡한 절차를 거쳐서 이루어지며, 일단 조약이 체결되면 그 나라의 법이 되기 때문에 매우 중요한 의미를 지니고 있어요.

오늘날에는 많은 분야에서 조약이 체결되고 있어요. 싸우지 말자는 약속에서부터, 필요한 것을 주고받자는 약속, 위험한 물건을 만들지 말자는 약속, 지구 환경을 잘 지키자는 약속, 가난한 나라를 돕자는 약속 등 수없이 많은 약속(조약)이 맺어지고 있어요. 이런 모든 조약들은 궁극적으로 평화로운 지구를 만드는 데 그 목적이 있어요.

오늘날의 조약은 모두 1969년에 만들어진 '조약법에 관한 빈(비엔나) 협약'에 의해서 체결되고 있어요. 조약법에 관한 빈 협약은 조약의 정의, 절차, 취지, 주체, 배경 등을 규정해 놓은 조약이에요. 한마디로 조약의 조약이라고 볼 수 있지요.

조약법에 관한 빈 협약에서는 조약을 '국가 사이에 문서의 형태로 협상, 서명, 비준이라는 기본 과정을 거쳐 이루어지는 국제적 약속'이라고 정의하고 있어요. 여기에서 비준은 당사국 대표자가 체결한 조약문을 당사국이 최종적으로 확인하는 절차를 말해요. 비준은 보통 헌법상의 최고 책임자에 의해 이루어지는데, 이렇게 비준이 끝나면 조약은 정식으로 체결되는 거예요. 간혹 비준전에 반드시 국회나 의회의 동의를 받아야 하는 조약들도 있어요. 만약 국회나 의회의 동의가 이루어지지 않으면 그 조약은 체결될 수 없어요.

조약에는 여러 가지 명칭을 사용하고 있어요. 조약이라는 명칭을 가장 많이 사용하고 있지만 그 외에도 협약, 협정, 의정서, 규약 등의 명칭을 사용해요. 조약의 명칭은 어떤 정해진 규정에 의해 붙여지는 것이 아니라 조약을 체결할 때 서로 합의하여 적절한 명칭을 선택하는 것뿐이에요. 어느 명칭이 더 중요하거나 덜 중요하지는 않아요.

이번 장에서는 서양 최초의 근대적 조약이라고 하는 '베스트팔렌 조약'과 지구의 환경을 지키자는 목적에서 체결된 '기후 변화 협약'에 대해 알아볼 거예요. 베스트팔렌 조약으로 세상은 어떻게 변화되고 발전해 왔을까요? 또 기후 변화 협약은 우리가 사는 지구를 어떻게 바꾸어 놓았을까요?

■ 제9장 조약 내용은《세계를 움직이는 약속 국제조약》(박동석 저, 책고래)의 일부 내용을 새로 편편집한 것입니다.

17.

유럽 근대 국가의
탄생을 알린
베스트팔렌 조약

KEYWORD 9. **조약**

베스트팔렌 조약은 세계사에서 매우 중요한 의미를 지니는 조약이라고 볼 수 있어요. 베스트팔렌 조약은 '서양 최초의 근대적 조약', '근대 외교 조약의 효시', '유럽 근대 국가의 탄생을 있게 한 조약'이라는 평가를 받고 있어요. 이 조약에 여러 개의 별칭이 붙은 것만 봐도 그 중요성을 짐작할 수 있지요.

베스트팔렌 조약은 1618년에 터진 '30년 전쟁'을 끝내기 위해서 체결된 조약이에요. 30년 전쟁은 1618년 시작해서 1648년에 끝났기 때문에 붙은 명칭이에요. 30년 전쟁은 16세기 종교 개혁으로 탄생한 신교와 구교(가톨릭) 사이의 갈등으로 생긴 전쟁이기 때문에 흔히 '종교 전쟁'이라고도 불러요.

30년 전쟁이 일어나게 된 직접적인 원인은 신성 로마 제국 황제가 신교를 탄압한 데서 찾을 수 있어요. 신성 로마 제국은 962년 현재의 독일 지역에서 탄생한 큰 나라예요. 독일 지역에 있었기 때문에 독일 제국이라고 볼 수도 있는데, 과거 로마 제국의 부활이라는 의미와 로마 가톨릭 교회의 정신을 이어받았다는 의미로 '신성'이라는 말을 붙여 '신성 로마 제국'이라고 불렀어요.

신성 로마 제국의 모태가 되는 나라는 프랑크 왕국이었어요. 프랑크 왕국은 476년 서로마 제국이 멸망하고 난 뒤 현재의 독일 지역을 중심으로 세력을 넓힌 나라였어요.

9세기경에는 지금의 독일, 이탈리아, 프랑스의 영토까지 모두 포함하는 대제국을 건설했는데, 이런 대제국을 건설한 사람이 카롤루스 대제예요. 프랑스어로는 샤를마뉴 대제, 독일어로는 카를 대제라고도 불러요. 그런데 814년 대제국을 만든 카롤루스 대제가 죽으면서 프랑크 왕국은 후계자 문제와 영토 상속 문제로 분열하게 되었어요.

한때 전 유럽에 세력을 떨쳤던 프랑크 왕국은 843년 '베르됭 조약'으로 동·서·중 세 곳으로 분리되었어요. 분리된 동프랑크는 오늘날 독일의 기원이 되고, 서프랑크는 프랑스, 중프랑크는 이탈리아의 기원이 되는 나라예요.

이들 나라 중 동프랑크 왕국은 918년 독일 왕국으로 이름이 바뀌었어요. 독일 왕국의 왕 오토 1세는 962년 이탈리아 지역을 정벌하고 나서 로마 교황으로부터 황제의 관을 받았어요. 교황에게서 황제의 칭호를 받았다는 것은 로마 제국의 부활을 의미하기도 하고, 교황과 매우 밀접한 관계를 유지한다는 의미이기도 했어요. 이때부터 오토 1세가 다스리는 독일 왕국은 신성 로마 제국이라는 이름을 갖게 되었어요.

처음에 신성 로마 제국은 강력한 중앙집권 국가였어요. 그런데 차츰 이탈리아 지역에만 관심을 갖고 독일 지역은 소홀히 한 나머지 여러 제후들에 의해 분할 상태가 되었고, 제국의 힘은 많이 약해지게 되었어요. 이런 상태의 제국에 결정타를 입힌 사건이 바로 30년 전쟁이에요.

가톨릭을 신봉했던 신성 로마 제국 황제가 계속해서 신교를

▲ 프랑크 왕국을 대제국으로 만든 카롤루스 대제 동상

17. 유럽 근대 국가의 탄생을 알린 베스트팔렌 조약

탄압하자 1618년 보헤미안 지역의 신교도들은 황제의 신하들을 궁전 창밖으로 던져 버리는 일을 저지르고 말았어요. 그리고 이들은 곧 반란을 일으켰어요.

신교도들이 반란을 일으키자 신성 로마 제국 황제는 곧바로 이들을 진압하기로 결정했고, 30년 전쟁이라는 긴 전쟁이 시작되었어요. 전쟁이 30년이라는 긴 세월 동안 지속된 것은 구교(가톨릭)와 신교를 믿는 주변 나라들이 전쟁에 참가하면서 대규모 전쟁이 되어 버렸기 때문이에요.

▲ 30년 전쟁을 끝낸 베스트팔렌 조약

먼저 스페인은 신성 로마 제국 황제와 같은 가문이었기 때문에 황제의 편에 섰어요. 네덜란드는 스페인으로부터 독립 전쟁을 벌이고 있었기 때문에 신교의 편에 섰어요. 신교 국가인 덴마크와 스웨덴은 당연히 신교의 편에 서서 전쟁에 참가했어요. 그런데 가톨릭 국가인 프랑스 때문에 전쟁은 이상한 방향으로 흘러갔어요.

프랑스는 가톨릭 국가이기 때문에 당연히 황제 편에 서야 했는데, 모두의 예상을 뒤엎고 신교 편에 서서 전쟁에 참가했어요. 프랑스는 종교보다는 신성 로마 제국의 팽창을 막으려는 정책적인 결정을 했던 거예요. 프랑스가 전쟁에 참가하면서 종교 전쟁은 영토 전쟁으로 바뀌게 되었어요.

많은 나라들이 참가했기 때문에 전쟁은 쉽게 끝나지 않았고, 피해는 갈수록 늘어만 갔어요. 전쟁의 주 무대가 되었던 신성 로마 제국은 그 피해가 더 컸어요. 피해가 커지자 전쟁을 일으켰던 신성 로마 제국도 더 이상 전쟁을 수행할 여력이 없었어요. 그건 다른 나라들도 마찬가지였어요.

1648년 전쟁에 참가한 많은 나라들은 평화 조약을 체결하기로 결정했어요. 이 평화 조약이 바로 베스트팔렌 조약이에요. 이 조약은 특이하게도 구교의 본거지인 독일의 오스나브뤼크와 신교의 본거지인 독일의 뮌스터에서 각각 체결되었어요. 두 도시 모두 독일의 베스트팔렌 지역에 있었기 때문에 베스트팔렌 조약이라고 이름 붙이게 된 거예요.

조약에 의해 신성 로마 제국은 스웨덴과 프랑스에 일부 땅을 넘겨주고, 신성 로마 제국의 모든 공국들은 독자적인 주권과 외교권을 갖게 되었어요. 또 네덜란드는 스페인에서 독립하고, 스위스는 신성 로마 제국에서 독립하게 되었어요. 사람들은 자유롭게 자신의 종교를 선택할 수 있게 되었고, 조약을 지키지 않으면 모든 나라들이 보복한다는 내용도 포함되었어요.

베스트팔렌 조약이 체결되면서 스웨덴과 프랑스는 신성 로마 제국으로부터 일부 땅을 넘겨받아 강국이 되었고, 네덜란드와 스위스는 독립 국가가 되었어요. 또 이 조약으로 신교는 유럽에서 인정을 받으며 발전할 수 있었지요.

반면에 스페인과 신성 로마 제국은 그만큼 세력을 잃고 말았어요. 베스트팔렌 조약으로 종이호랑이 신세가 된 신성 로마 제국은 1806년 나폴레옹에 의하여 해체되어 역사 속으로 사라지고 말았어요.

베스트팔렌 조약이 체결되면서 현재 우리가 알고 있는 유럽 국가들과 국경선이 어느 정도 확정되었어요. 또 신성 로마 제국의 관리를 받고 있던 많은 공국들이 주권 국가로 인정을 받으며 유럽 근대 국가로 발전할 수 있게 되었어요.

프랑스, 이탈리아, 독일을 만든 베르됭 조약

476년 서로마 제국이 멸망하고 난 뒤 현재의 독일 지역을 중심으로 세력을 넓히고 있었던 민족이 있었는데, 바로 게르만족의 한 부류인 프랑크족이었어요. 이들 부족은 5세기경 프랑크 왕국을 세웠고 9세기경에는 지금의 프랑스, 이탈리아, 독일 지역을 포함하는 대제국을 건설했어요.

프랑크 왕국을 대제국으로 건설한 사람은 카롤루스 대제였어요. 그런데 814년 카롤루스 대제가 죽으면서 프랑크 왕국은 후계자 문제와 영토 상속 문제로 분열하게 되었어요. 당시 프랑크 왕국은 아버지가 죽으면 아들들에게 영토를 골고루 나누어 주는 분할 상속 제도가 있었어요. 분할 상속 제도는 아들들이 골고루 땅을 상속받는다는 의미에서 보면 문제가 없었지만, 그 크기와 위치에 차이가 있어서 불만이 생길 수도 있는 제도였어요.

카롤루스 대제가 죽을 당시에는 분할 상속 제도가 크게 문제시되지 않았어요. 왜냐하면 카롤루스 대제의 세 아들 중 첫째와 둘째가 먼저 죽었기 때문이에요. 813년 카롤루스 대제는 자신의 셋째 아들 루이(루트비히 1세)에게 프랑크 왕국 대부분의 영토와 황제 지위를 넘겨주고 이듬해 세상을 떠났어요.

카롤루스 대제에 이어 프랑크 왕국의 황제가 된 루이 황제는 전쟁을 싫어했어요. 황제가 전쟁을 포기하자 일반 백성들은 좋아했지만 지방의 영주들은 불만이 많았어요. 정복 전쟁을 하지 않으면 영주들은 세력을 넓힐 수 없었기 때문이에요. 일부 지방에서는 황제에 대한 반란이 일어나기도 했어요.

루이 황제는 자신이 언제 죽을지 모른다는 생각에 미리 후계자 문제와 영토 문제를 정해 놓았어요. 황제의 지위와 영토 대부분은 첫째인 로타르(로테르)에게 물려주고, 둘째 피핀에게는 아키텐(현재의 프랑스 남부 지역)을, 셋째 루이 2세에게는 바이에른(현재의 독일 지역)을 물려주었어요. 그런데 루이 황제에게 넷째 아들 샤를이 태어나면서 다시 한 번 영토 분할 문제가 일어났어요. 더구나 루이 황제가 넷째 아들을 유난히 귀여워하자 다른 아들들은 불안을 느꼈고, 830년에 자기들끼리 반란을 일으켰어요. 아들들의 전쟁에서는 첫째와 넷째가 최후의 승자가 되었어요. 이렇게 되자 루이 황제는 840년에 첫째에게 프랑크 왕국의 동쪽을, 넷째에게 서쪽을 물려주고 세상을 떠났어요.

루이 황제가 세상을 떠나자 첫째 로타르는 넷째에게 간 서쪽 땅에 욕심이 생겼어요. 로타르는 루이 황제가 정해 놓은 규정을 어기고 프랑크 왕국 대부분의 땅을 자신이 차지하겠다고 선언했어요. 이에 넷째 샤를은 반발했고, 셋째 형 루이 2세와 손을 잡고 첫째 형 로타르에게 대항했어요.

841년 영토 문제를 놓고 로타르와 두 동생 루이 2세와 샤를이 퐁트누아에서 전투를 벌였어요. 전쟁의 승자는 루이 2세와 샤를이었어요.

843년 전쟁에서 패한 로타르는 두 동생에게 어떤 요구든 들어주겠다면서 협상을 제안했어요. 이렇게 해서 프랑스 베르됭 지역에서 루이 황제의 세 아들이 모여 조약을 체결했는데, 이것이 바로 베르됭 조약이에요.

베르됭 조약으로 카롤루스 대제가 이룩해 놓았던 프랑크 왕국은 크게 중프랑크, 동프랑크, 서프랑크 왕국으로 분할되었어요. 루이 황제의 둘째 아들 피핀은 이미 사망한 후였지만 그의 아들 피핀 2세가 아버지가 처음 물려받았던 아키텐 지역을 그대로 물려받으면서 결과적으로 네 아들 모두 골고루 영토를 물려받게 되었어요.

로타르가 차지한 영토는 중프랑크로 불렸는데, 오늘날 이탈리아의 모체가 되었고, 루이 2세가 차지한 영토는 동프랑크로 오늘날 독일의 모체가 되었으며, 샤를이 차지한 영토는 서프랑크로 오늘날 프랑스의 모체가 되었어요.

베르됭 조약은 근대 국가인 이탈리아, 프랑스, 독일을 탄생하게 한 조약인 동시에, 이후 조약에 의해 왕국의 영토가 분할되는 전례를 남겼다는 데 큰 의미가 있는 조약이에요.

18. 지구의 환경을 지키는 기후 변화 협약

KEYWORD 9. **조약**

지구 온난화는 과거에도 지구의 환경을 위협하는 매우 중요한 문제였는데, 지금도 지구가 겪고 있는 가장 심각한 환경 문제 중 하나라고 볼 수 있어요. 지구 표면의 평균 기온이 상승하면 빙하가 녹아 해수면이 상승하고, 이로 인해 섬이나 해안 도시가 물에 잠길 수도 있어요. 뿐만 아니라 기상 이변으로 자연재해가 빈번하게 발생하면 지구 생태계가 파괴되어 결국 지구 멸망이라는 비극이 닥칠 수도 있어요. 그래서 언제부터인가 인류를 위협하는 가장 큰 적은 전쟁이 아니라 환경 오염이라는 말이 나오기 시작했어요. 그만큼 지구의 환경이 위험에 처해 있다고 보는 거예요.

환경은 이렇게 중요하지만 우리 인간이 환경 문제에 관심을 가진 것은 비교적 근래의 일이에요. 예전에는 지금처럼 환경 문제가 표면에 드러나지 않았기 때문에 그 심각성을 몰랐던 거예요.

세계가 환경 문제의 심각성을 깨닫고 환경을 보호하자는 약속을 한 건 제2차 세계 대전 이후였어요. 그런데 이때는 단순히 자연에서 얻을 수 있는 자원을 아끼고 보전하자는 차원이었지, 자연전체를 보호하자는 약속은 아니었어요.

우리 인간이 환경 문제의 심각성을 깨달은 것은 1972년에 발표된 〈성장의 한계〉라는 보고서 때문이었어요. 1972년 '로마클럽'이라는 단체는 보고서에서 과도한 개발에 따른 환경 파괴가 인류의 생존을 위협하고 있다고 경고했어요. 로마클럽은 학자, 기업가, 정치인들이 인류의 미래를 연구하려는 목적으로 만든 연구기관이에요.

로마클럽의 경고 이후 환경 문제를 해결하기 위해 가장 먼저 움직인 단체는 유엔이었어요. 유엔은 1972년 6월 스웨덴의 스톡홀름에서 '오직 하나뿐인 지구'라는 주제를 내걸고 '유엔 인간환경회의'를 개최했어요. 유엔 인간환경회의는 지구의 환경 파괴에 대해 대책을 협의한 최초의 환경 관련 국제회의였어요. 이 회의에서 유엔은 환경 보호를 담당할 국제기구인 '유엔환경계획'을 설립했어요. 유엔환경계획은 여러 환경 문제를 해결할 많은 계획을 세웠고, 각국에서 발생하는 환경 문제에도 많은 도움을 주었어요.

1980년대에는 지구 온난화에 의한 기후 변화가 심각한 문제로 떠올랐어요. 이때부터 세계는 지구 온난화를 일으키는 온실가스를 줄이기 위해 많은 노력을 기울였어요. 하지만 온실가스를 줄이는 것은 그렇게 간단한 문제가 아니었어요. 개발도상국들의 경우 환경 보호보다는 개발이 우선이었기 때문에 개발 중 발생하는 온실가스를 줄이기 어려운 상황이었어요.

1990년대로 들어서면서 온실가스에 의한 지구 온난화는 더이상 방치할 수 없는 문제로 다가왔어요. 여러 환경 관련 연구 기관에서 온실가스를 계속 방치하면 심각한 상황을 초래할 것이라는 연구 결과를 내놓았어요.

유엔은 더 이상 지구의 환경 문제를 가만히 지켜볼 수 없었어요. 그동안 개발도상국의 입장을 생각하여 확실한 조치를 취하지 못했는데, 이제는 온실가스 문제가 한계 상황에 이르렀다고 판단한 거예요. 1990년 유엔은 지구의 환경을 보호하자는 결의안을 채택했고, 1992년에 전 세계가 함께 모여서 지구 온난화에 의한

▲ 지구 온난화를 일으키는 온실가스

18. 지구의 환경을 지키는 기후 변화 협약

기후 변화 문제를 논의하자는 계획을 세웠어요.

　유엔은 먼저 협상 위원회를 구성하여 여러 차례 회의를 열었어요. 협상 위원회는 1992년 전 세계가 참여하는 국제회의의 계획과 그 회의에서 체결할 조약을 만드는 데 최선의 노력을 기울였어요. 1992년 6월 브라질의 리우데자네이루에서 최대 규모의 국제적인 환경 회의가 개최되었어요. 이 회의에는 180여 개국의 정부 대표와 민간단체들이 참여해서 지구의 환경을 지키기 위해 열띤 토론을 벌였고, 몇 가지 조약도 체결했어요.

　리우데자네이루 환경 회의에서 나온 대표적인 결과물이 바로 '리우 선언'과 '기후 변화 협약'이에요. 리우 선언은 환경과 개발에 관한 기본 원칙을 담은 선언문인데, 자연을 파괴하지 않고 가

▲ 온실가스 때문에 힘들어하는 지구(가운데는 유엔기후변화협약 마크)

제9장. 조약

능한 자연과 조화로운 개발을 하자는 내용이 포함되어 있어요.

리우 선언은 처음에 '리우 헌장'으로 채택하여 좀 더 확실한 책임을 부여하려 했는데, 개발도상국들의 반대에 부딪혀 선언으로 만들어지게 된 거예요. 개발도상국 입장에서는 개발을 먼저 생각할 수밖에 없었기 때문이에요. 하지만 환경과 개발이 양립하지 못하는 것이 아니라 서로 조화를 이루어 갈 수 있다는 생각을 이끌어 낸 것은 좋은 성과였어요.

리우 회의의 가장 큰 성과물이라고 한다면 단연 '기후 변화 협약'을 채택한 거였어요. 리우 선언이 지구 환경을 지키기 위한 포괄적인 약속이라면, 기후 변화 협약은 대기 오염 방지에 초점을 둔 약속이라고 볼 수 있어요. 온실가스가 지구 온난화를 유발하고 이로 인한 기후 변화 때문에 가뭄, 홍수, 태풍 등 자연재해가 심각한 수준에 이르렀기에 별도로 이런 협약을 체결하게 된 거예요.

기후 변화 협약은 '리우 환경 협약'이라고도 하는데, 협약의 정식 명칭은 '기후 변화에 관한 유엔 기본 협약'이에요. 기후 변화 협약의 주요 내용을 살펴보면, 체결 당사국은 식량 생산이 어려움에 처하지 않는 한 대기 중 온실가스를 억제하자고 약속했어요.

체결 당사국은 지금과 미래 세대를 위한 기후 시스템을 보호하는 데 있어서 개발도상국의 상황을 고려하여 서로 협력하고 지원한다고 약속했어요. 체결 당사국은 기후 변화를 억제할 정책의 수립과 온실가스를 줄일 기술을 개발하고, 일반인들을 대상으로 기후 변화의 심각성에 대해 교육을 추진하자고 약속했어요. 또 협

18. 지구의 환경을 지키는 기후 변화 협약

약의 최고 의사 결정 기구인 당사국 회의는 정기적으로 모여 협약의 실행 여부를 평가하고 적절한 조치를 취하자고 약속했어요.

기후 변화 협약의 핵심은 온실가스 배출을 억제하여 지구 온난화에 대비하자는 것인데, 환경보다는 개발이 무엇보다 중요한 개발도상국을 최대한 고려하였기 때문에 많은 국가들이 동의할 수 있었어요. 기후 변화 협약은 1992년 체결되었고, 2년이 지난 1994년 3월에 발효되었어요.

이 협약은 전 세계가 함께 지구의 환경을 보호하자는 데 뜻을 모았다는 점에서는 긍정적인 평가를 받았지만, 구체적인 실행 사항이 없어서 부족한 점도 많은 조약이었어요. 이에 유엔은 기후 변화 협약의 부족한 점을 보완하기 위해 1997년에 '교토 의정서'를 채택하여 보다 확실하게 각국이 온실가스를 억제할 수 있도록 조치했어요. 하지만 이 의정서도 온실가스를 제일 많이 배출하는 나라들이 가입하고 있지 않아서 큰 효과를 보지는 못하고 있는 실정이에요.

현재 세계는 환경 문제에 대해 다각도로 협의하고 대응하고 있어요. 그 시발점이 된 조약이 기후 변화 협약이라고 볼 수 있어요. 만약 기후 변화 협약이 없었다면 지구는 아마 지금보다 더 심각한 상황에 처했을지도 몰라요. 현재도 각 나라의 이해관계로 인해 환경 보호가 많은 어려움을 겪고 있지만, 모두가 공동 운명체에 놓여 있다는 사실을 알고 있기 때문에 지구의 환경을 보호하기 위해 다각도로 노력하고 있어요.

교토 의정서와
파리 기후 변화 협약

교토 의정서는 1992년 체결된 기후 변화 협약의 구체적인 실행을 위하여 만들어진 조약이에요. '교토 기후 협약'이라고도 부르는데, 이 의정서의 정식 명칭은 '기후 변화에 관한 유엔 규약의 교토 의정서'예요.

1992년 리우데자네이루에서 체결된 기후 변화 협약은 지구 온난화를 일으키는 온실가스를 억제하기로 약속하면서 나름대로 성과가 있었어요. 하지만 이 조약은 구체적인 실행 방안이 없었기 때문에 추가적인 협상이 요구되었어요.

1997년 각국의 대표들은 일본 교토에서 협상을 갖고 기후 변화 협약의 구체적인 실행 방안을 논의했어요. 이 회의에서 채택된 것이 교토 의정서인데, 이 의정서는 몇몇 나라의 반대로 한동안 묶여 있다가 2005년이 되어서야 발효될 수 있었어요.

교토 의정서의 핵심은 각국에 온실가스의 감축량을 구체적으로 부과한 내용이 포함되었다는 거예요. 각국에서 감축해야 될 온실가스는 이산화 탄소, 메탄, 아산화 질소, 과불화 탄소, 수소 불화 탄소, 육불화황 등 6가지였어요. 이 중에서 가장 큰 비중을 차지하는 것은 이산화 탄소예요.

교토 의정서에는 지구 온난화에 책임이 있는 선진국의 경우 2012년까지 1990년대 수준과 비교하여 온실가스 배출량을 5.2% 감축해야 한다고 정해 놓았어요. 국가별로 온실가스 의무 감축량은 유럽연합 8%, 미국 7%, 일본 6%이고, 러시아는 감축하지 않아도 되며, 노르웨이와 호주 등은 배출량을 더 늘려도 된다고 정했어요. 그리고 온실가스의 배출량을 줄여야 하는 나라들의 상황을 고려하여 '배출권 거래 제도, 공동 이행 제도, 청정 개발 제도'를 도입했어요.

배출권 거래 제도는 어느 국가가 자국에게 할당된 의무 감축량을 초과해서 감축하게 되면 그 초과한 감축량에 대해서 다른 나라에 팔 수 있고, 반대로 의무 감축량을 지키지 못했을 경우에는 그 지키지 못한 감축량을 다른 나라에서 살 수 있게 만든 제도예요.

공동 이행 제도는 선진국이 다른 선진국의 온실가스 감축 사업에 투자하여 얻은 온실가스 감축량에 대해서 자국의 온실가스 감축량으로 사용할 수 있는 제도예요.

청정 개발 제도는 선진국이 개발도상국의 온실가스 감축 사업에 투자하여 얻은 온실가스 감축량에 대해서 자국의 온실가스 감축량으로 사용할 수 있는 제도예요.

이처럼 교토 의정서는 각국이 감축해야 하는 온실가스의 양을 구체적으로 제시하여 지구의 환경을 지키려는 조약인데, 일부 나라들은 여전히 이 의정서에 반대하여 가입을 미루고 있어요. 미국은 온실가스 배출량을 줄이면 자국의 경제가 어려워진다는 판단에서 가입하지 않았고, 온실가스를 가장 많이 배출하는 중국이나 인도도 가입을 미루고 있는 상황이에요.

파리 기후 변화 협약은 2020년 만료되는 교토 의정서를 대체하기 위하여 2015년 12월 프랑스 파리에서 채택된 협약이에요. 이 협약은 전 세계 거의 모든 나라가 합의했는데, 이는 지구 온난화의 심각성을 모두가 깊이 인식한 결과예요. 이 협약의 주요 내용은 산업 혁명 이전보다 지구의 온도를 2도 이상 상승하지 못하도록 하자는 약속이에요.

파리 기후 변화 협약은 2016년 11월 발효되었고, 2020년 12월 교토 의정서가 완료되면 2021년 1월부터 적용돼요. 그런데 2017년 6월 미국은 온실가스를 줄이면 자국의 경제에 해가 된다며 이 협약에서 탈퇴를 선언했어요.

제10장

재판

여러분은 법이 없는 세상을 상상해 본 적 있나요? 법이 없다면 하고 싶은 것을 마음대로 할 수 있을까요? 그건 엄청난 착각이에요. 물론 하고 싶은 것을 마음대로 할 수도 있겠지만 우리가 사는 세상은 혼란과 갈등, 분쟁과 폭력이 만연해져 금방 멸망하고 말 거예요. 그러니까 법이 없는 세상은 존재하기 어려워요. 사회가 있는 곳에는 반드시 법이 필요해요. 물론 지구상에 한 가족만 산다면 법이 필요하지는 않겠지요. 하지만 가족의 범위가 넓어져서 하나의 사회가 형성되면 거기에는 반드시 질서를 유지해 주는 법이 있어야 해요.

그렇다면 법은 언제 처음 생긴 것일까요? 현존하는 가장 오래된 법전은 기원전 2100년~2050년경에 만들어진 '우르남무 법전'이에요. 지금으로부터 약 4천 년 전에 이미 법이 있었다는 것을 우르남무 법전으로 확인할 수 있지요.

우르남무 법전이 발견되기 전에는 기원전 1750년경에 만들어진 '함무라비 법전'이 가장 오래된 법전이었어요. 여러분도 잘 알고 있는 '눈에는 눈, 이에는 이'라는 문구가 있는 법전이에요. 하지만 우르남무 법전이 인류 최초의 법전은 아니에요. 그것은 어디까지나 현존하는 가장 오래된 법전일 뿐이지요. 우르남무 법전 이전에도 법은 있었어요. 사회가 있는 곳에는 항상 법이 있었으니까요. 그 이전의 법은 우리가 발견하지 못했을 뿐이에요.

법은 인간이 집단생활을 시작할 때부터 존재했고, 사회 질서를 유지하고 평화로운 세상을 만드는 데 매우 중요한 역할을 수행했어요. 법은 그 자체로는 아무런 문제가 없었어요. 그런데 이 법을 어떻게 적용하느냐에 따라서 많은 문제들이 발생했어요.

과거에는 권력의 눈치를 보거나 이해관계를 고려하여 법을 적용하는 경우가 많았어요. 지금은 이런 일이 거의 없지만 법을 적용하는 것도 사람이 하는 일이기 때문에 간혹 공정하지 못한 경우가 발생하기도 해요.

법이 공정하게 적용되지 못하면 선량한 많은 사람들이 피해를 입게 되고, 우리 사회도 큰 혼란에 빠질 수 있어요. 법의 적용과 판결이 그만큼 중요하다는 이야기지요.

전 세계 역사를 살펴보면 현명한 판결로 많은 사람들에게 울림을 주었거나, 보다 나은 세상을 만드는 데 본보기가 되었던 재판들이 있어요. 이런 재판과 그 판결은 우리가 사는 세상을 밝고 건전한 사회로 만들었고, 지금도 그런 역할을 하며 우리 삶 속에 녹아 있어요.

이 장에서는 피의자의 인권을 보호하는 데 큰 역할을 한 '미란다 재판'과 반인도적 범죄에 대해 경종을 울렸던 '아이히만 재판'에 대해 알아볼 거예요. 두 재판은 우리 사회에 깊은 울림을 주었고, 지금도 우리 사회에 뿌리내려 그 역할을 하고 있어요.

두 재판 이야기를 통해서 법과 재판, 판결이 얼마나 중요한 것인지, 공정하고 건강한 사회를 만들기 위해 우리는 어떤 자세를 가져야 하는지 깊게 생각해 보았으면 좋겠어요. 한 가지 확실한 것은 우리가 법과 재판에 관심을 가지면 가질수록 우리가 사는 세상은 더 건강하고 공정해질 거라는 사실이에요.

■ 제10장 재판 내용은 《세상을 바꾼 재판 이야기》(박동석 저, 하마)의 일부 내용을 새로 편집한 것입니다.

19.
미란다 원칙을 만든
미란다 재판

KEYWORD 10. **재판**

드라마나 영화를 보면 경찰이 범인을 체포할 때 반드시 하는 말이 있어요.

"당신은 묵비권(자신에게 불리한 진술을 거부하고 침묵할 수 있는 권리)을 행사할 권리가 있으며, 당신이 한 진술은 법정에서 불리하게 사용될 수 있고, 변호사를 선임할 권리가 있습니다."

경찰이 범인을 체포할 때 하는 이 말은 '미란다 원칙'이라고도 하고, '미란다 경고'라고도 해요. 미란다는 미성년자를 성폭행한 흉악범의 이름인데, 아이러니하게도 지금은 피의자(범죄 용의자)의 인권 존중을 상징하는 이름으로 역사에 남아 있어요.

1963년 3월 미국 애리조나주의 피닉스시에서 18세 소녀가 일을 마치고 집으로 돌아가다 한 남성에게 성폭행을 당하는 사건이 발생했어요. 범인은 멕시코계 미국인 에르네스토 미란다였는데, 경찰의 끈질긴 추적 끝에 사건 발생 10일 만에 체포되었어요.

경찰에 체포된 미란다는 변호인이 없는 상태에서 신문을 받았고, 범인 식별 절차까지 마쳤어요. 성폭행을 당한 소녀는 범인 식별 절차에서 미란다가 자신을 성폭행한 사람인지는 정확하지 않다고 말했는데, 경찰은 미란다에게 소녀가 정확하게 알아봤다고 거짓으로 말했어요. 그러자 미란다는 모든 것을 사실대로 털어놓았고, 범행 일체를 자백한 진술서에 서명했어요. 진술서에는 어떤 강요나 협박 없이 진술했고, 이 진술이 자신에게 불리하게 작용될 수 있다는 내용도 포함되어 있었어요.

미란다는 곧바로 재판에 회부되었고, 재판은 사건이 발생한 지 4개월이 지난 시점인 1963년 7월 시작되었어요. 미란다의 국

▲ 경찰은 용의자를 체포할 때 미란다의 원칙을 고지할 의무가 있다.

선 변호인은 70세가 넘어 현업에서 은퇴한 앨빈 무어였는데, 그는 꽤 유명한 변호사였어요.

당시 국선 변호인은 피의자를 위해 최선을 다하기보다는 상식선에서 변론하는 게 일반적이었어요. 하지만 무어는 미란다 사건을 전혀 다른 차원에서 접근했어요. 그는 경찰이 미란다에게 경찰 조사에서 한 진술이 법정에서 불리하게 작용할 수 있다는 사실을 먼저 말해 주지 않았고, 또 조사를 받기 전에 변호사를 선임할 수 있는 권리가 있다는 사실을 말해 주지 않았음을 지적했어요.

무어는 이런 사실을 바탕으로 자신의 권리를 모르는 상태에서 한 자백은 형사 재판에서 증거로 채택될 수 없다고 주장했어요. 무어는 그 주장의 근거로 수정 헌법 제5조와 제6조를 제시했어

▲ 미란다 원칙을 만든 계기가 된 미란다 재판

19. 미란다 원칙을 만든 미란다 재판

요. 수정 헌법 제5조와 제6조에서는, 피의자는 자신에게 불리한 증언을 거부할 권리가 있으며, 변호사의 도움을 받을 권리가 있다고 규정하고 있었어요.

무어는 만약 미란다가 미리 자신의 권리를 알았다면 그렇게 쉽게 자백하지는 않았을 것이라며, 미란다의 권리가 무시되었다고 지적했어요. 무어의 기발한 변론에도 불구하고 1심 법원은 미란다의 자백에 그 어떤 강요나 협박이 없었다고 판단하여 징역 30년을 선고했어요. 이에 무어는 미란다 사건을 애리조나주 상급 법원에 항소했어요. 하지만 항소 법원도 1심 법원의 판단이 옳다고 생각하여 항소를 받아들이지 않았어요. 1심과 2심 모두 미란다에게 유죄를 선고했지만, 당시 범죄 피의자의 인권 문제를 다시 한 번 들여다보는 계기가 되었다는 점에서 나름 의미가 있는 재판이었어요.

미란다의 재판은 사람들의 뇌리에서 점차 잊혀 갔어요. 그런데 2심 판결 후 2년이 지난 1965년 6월 미란다는 어떤 이유에서인지 자신의 사건을 연방대법원에 상고했어요. 미란다가 상고하자 이 사건에 관심을 갖고 있던 미국 민권 연맹 소속 변호사 로버트 코크란은 1심과 2심 판결에 문제가 있음을 지적했어요.

코크란의 주장은 아주 간단했어요. 형사 재판에서 피의자에게 묵비권과 변호사 선임권은 가장 중요한 사항인데, 이것을 미리 알려 주지 않은 것은 헌법상 피의자의 권리가 무시된 것이고, 따라서 변호인 없이 이루어진 자백은 유죄의 증거가 될 수 없다는 거였어요.

미란다 사건을 넘겨받은 연방대법원은 헌법상 피의자의 권리와 사회의 안전 중 어느 것이 중요한지를 두고 열띤 토론을 벌였어요. 연방대법원은 1966년 6월 최종 판결을 내렸어요. 결과는 모두의 예상을 뒤엎고 대법관 5 대 4의 의견으로 미란다의 손을 들어주었어요.

미란다의 손을 들어준 대법관 5명은 코크란 변호사의 주장을 그대로 인정했어요. 피의자에게 묵비권과 변호사 선임권이 있다는 것을 먼저 알려 주지 않고 얻어 낸 자백은 법정에서 유죄의 증거로 사용할 수 없다고 밝힘으로써 피의자의 권리를 매우 중요하게 생각했어요. 5명의 대법관은 구체적인 강압이나 협박이 없었다고 하더라도 현행 구속 신문 방식 자체가 그런 분위기를 조성하기 때문에 신문 전에는 반드시 피의자의 권리를 알려 주어 자신의 권리를 행사할 수 있도록 해야 한다고 말했어요.

미란다 재판에서 가장 중요하게 생각한 것은 피의자의 권리 보장이었어요. 피의자의 자발적인 자백이냐 아니냐를 떠나서 가장 먼저 자신의 권리가 무엇인지 알아야 한다고 본 거예요. 피의자가 자신의 권리를 알지 못한다면 그것은 피의자에게 불리한 상황이 될 것이고, 불리한 상황에서의 진술은 합법적인 증거가 될 수 없다는 것이 5명의 대법관 생각이었어요.

미란다 재판은 결과에서도 알 수 있듯이 매우 치열한 논쟁을 벌인 재판이었어요. 판결은 미란다의 승리로 끝났지만 그 반대 의견도 만만치 않았어요. 반대 의견을 낸 대법관 4명은 범죄자의 인권을 지나치게 존중해서 공동체의 안전이 위협받게 되었다고 지적했어요.

재판에서 미란다의 손을 들어준 연방대법원은 거센 비난을 받았어요. 가장 크게 반발한 사람들은 경찰이었어요. 경찰은 피의자에게 '미란다 원칙(경고)'을 말해 주는 것은 신문을 시작하기도 전에 수사관들의 손발을 묶는 행위라고 비난했어요. 일반 국민들도 연방대법원의 판결을 비난하면서 미란다 경고를 하게 되면 피의자가 자백하는 비율이 떨어지고, 그렇게 되면 많은 피의자가 죄를 저질렀음에도 불구하고 석방될 것이라고 우려했어요.

그렇다면 미란다 경고를 하고 난 뒤 범인 검거율은 어떻게 되었을까요? 경찰들의 우려대로 많은 피의자들이 석방되었을까요? 많은 우려와 달리 미란다 경고를 하고 난 뒤에도 범인 검거율에는 큰 변동이 없었어요.

한편 연방대법원에서 유리한 판결을 받은 미란다는 그 후 다른 강도죄에 대해 유죄 판결을 받아 교도소에 수감되었어요. 미란다가 교도소에 있는 동안 애리조나주 검찰은 미란다의 자백에 의존하지 않고 다른 증언과 기타 증거물을 제출하여 성폭행 사건에 대해 다시 한 번 미란다를 재판에 회부했고, 결국 미란다는 성폭행 사건에 대해 유죄 판결을 받았어요.

1972년 가석방된 미란다는 미란다 경고가 들어가 있는 카드에 자신의 사인을 넣어 팔면서 생활했어요. 그러다 1976년 1월 피닉스시의 술집에서 싸움을 벌이던 중 칼에 찔려 목숨을 잃고 말았어요. 성폭행, 강도 등 가장 밑바닥 인생을 살다 간 미란다였지만 그의 이름은 아이러니하게도 미국 연방 헌법이 보장하는 개인의 권리와 관련하여 가장 유명한 규범으로 현재까지 남아 있어요. 미란다 판결은 미국의 형사 사법에서 피의자의 권리를 최대한 보호하게 한 세기의 결정이었어요.

미란다 판결 이전에는 피의자들이 피의자라는 이유만으로 인간 이하의 대우를 받았는데, 미란다 판결 이후부터는 정당한 권리를 누릴 수 있었어요.

미란다 원칙의
과거와 현재

　현재 미란다 원칙은 전 세계 많은 나라에서 헌법상 국민의 권리로 인정하고 있어요. 우리나라도 헌법 제12조에서 미란다 원칙을 국민의 권리로 규정하고 있어요. 제12조 2항과 4항에서는 피의자의 진술거부권과 변호인의 도움을 받을 권리를 규정하고 있고, 5항에서는 누구든지 체포 또는 구속의 이유와 변호인의 도움을 받을 권리를 고지받지 아니하고는 체포 또는 구속을 당하지 않는다고 규정하고 있어요. 또 체포 또는 구속을 당한 자의 가족 등 법률이 정한 자에게는 그 이유와 일시, 장소가 즉시 통지되어야 한다고도 규정하고 있어요.

　사실 미란다 재판 이후 곧바로 미란다 원칙이 피의자의 권리로 인정받은 것은 아니에요. 그렇게 되기까지는 많은 노력이 필요했어요.

　연방대법원의 미란다 판결 이후 대부분의 사람들은 이를 비난했어요. 가장 크게 반발한 것은 경찰이었고, 일반 국민들 역시 범죄를 저지르고도 벌을 받지 않은 미란다를 보면서 거세게 비난했어요.

　사람들의 반발이 거세지자 연방대법원도 약간의 융통성을 발휘했어요. 사람들의 반발을 잠재우기 위해 연방대법원은 미란다 원칙에서 예외 규정을 만들어 놓았어요. 1971년 연방대법원은 피의자가 법정에 증인으로 나설 경우에는 미란다 경고 없이 받아 낸 자백도 법정에서 이용할 수 있다고 판결했어요.

　연방대법원은 이후에도 몇 가지 경우에 대해서 예외 규정을 만들었어요. 1980년에는 피의자가 경찰의 신문이 시작되기도 전에 갑자기 자백을 했을 경우에 미란다 경고 없이 얻어 낸 자백이지만 법정에서 증거 자료로 사용할 수 있도록 판결했어요. 또 1990년에는 피의자가 상대방이 경찰인지 모르고 자발적으로 범행에 대해 털어놓는 경우, 굳이 경찰이 범죄 용의자의 말을 끊고 자신의 신분을 밝힌 뒤 미란다 경고를 할 필요는 없다고 판결했어요. 그런데 2000년 연방대법원이 새로운 결정을 내림으로써 기존 미란다 원칙의 예외 규정은 없어지게 되었어요. 연방대법원은 2000년 미란다 원칙의 기존 입장을 고수하는 판결을 내렸는데, 이 판결은 1968년 연방의회가 제정한 법률에 대한 소송 결과로 나오게 된 거예요.

　미란다 판결이 있고 난 뒤인 1968년 연방의회는 범죄 용의자의 자백이 강요나 협박 없이 이루어진 것이라고 인정되면 미란다 경고가 없었다고 하더라도 증거 자료로 인정해야 한다는 법률을 제정했어요. 이 법률에 대해 2000년에 소송이 제기되었고, 연방 대법원은 이 법률이 미란다 원칙 속에 반영된 헌법 정신을 위반했다고 판결했어요.

당시 연방대법원장이었던 윌리엄 렌퀴스트는 미란다 원칙이 이미 미국 문화의 일부분이 되었기 때문에 연방의회도 이를 폐기할 수 없다고 선언했어요. 미란다 판결 이후 미란다 원칙은 한동안 예외 규정이 인정되었지만 2000년 판결 이후 다시 기본 원칙을 유지할 수밖에 없었어요.

미란다 원칙에 가장 강하게 반발했던 미주리주 경찰은 2000년 연방대법원의 판결이 있고 난 뒤에 새로운 신문 기술을 만들었어요. 그 기술은 먼저 피의자에게 자백을 받고 난 뒤 미란다 원칙을 알려 주고, 이미 자백한 내용을 강조하면서 피의자가 자신의 권리를 포기하도록 유도하는 거였어요. 하지만 연방대법원은 2004년 미주리주 경찰의 새로운 신문 기술에 대해서도 미란다 원칙의 근본정신을 훼손한다는 이유로 그 방법이 잘못되었다고 판결했어요.

1966년 미란다 판결 이후 미란다 원칙은 약 30여 년간 예외 규정을 두는 등 확실하게 자리를 잡지 못했는데 2000년 연방대법원의 판결로 확실하게 정착되었고, 이후 개인의 인권을 존중하는 역사적인 상징으로 현재까지 그 자리를 지키고 있어요.

20.

반인도적 범죄에 경종을 울린 아이히만 재판

KEYWORD 10. **재판**

제2차 세계 대전 중 독일의 히틀러가 저지른 유대인 학살은 용서받을 수 없는 최악의 범죄였어요. 그런 까닭에 세계는 전쟁을 일으키고 유대인 학살에 관여한 독일의 수뇌부들을 단죄하기 위하여 재판을 열었어요. 이 재판이 바로 '뉘른베르크 전범 재판'이에요.

대부분의 범죄 가담자들은 재판에서 유죄를 받았는데, 유대인 학살에 깊이 관여한 일부 사람들은 자취를 감추어서 단죄할 수 없었어요. 그 대표적인 사람이 아돌프 아이히만이었어요. 아이히만은 재판에서 증인들이 가장 많이 언급한 이름이었는데, 전쟁 후 누구도 그가 있는 곳을 알지 못했어요.

1906년 독일에서 태어난 아이히만은 1932년 오스트리아 나치당에 가입했고 이듬해 독일에서 군인이 되었어요. 그는 1934년 유대인 문제를 다루는 베를린의 나치 사령부에 배치되면서 두각을 나타내기 시작했어요. 1938년에는 오스트리아에 거주하는 유대인의 해외 이주 정책 담당관으로 임명되었어요.

아이히만은 유대인들을 해외로 이주시키는 과정에서 놀라운 성과를 올렸고, 그의 활약은 유대인 말살 정책의 총책임자인 하이드리히의 눈에 띄었어요. 1939년 아이히만은 유대인 강제 추방을 총괄하는 부서로 발령받았어요.

1941년 전쟁이 독일에 불리하게 전개되자 히틀러는 기존의 유대인 정책(해외 이주)을 바꾸기로 결정했어요. 1942년 히틀러의 명을 받은 하이드리히는 반제에서 비밀회의를 열고 '유대인 문제 최종 해결책'을 결정했어요. 이 해결책은 유대인들을 강제 수용소에서 모두 학살한다는 것이었어요.

이때 아이히만에게 주어진 임무는 유대인들을 강제 수용소로 보내는 것이었어요. 아이히만은 뛰어난 능력을 발휘해 2년 동안 약 500만 명 이상의 유대인들을 강제 수용소로 보냈어요. 그가 유대인 학살에 직접적으로 관여한 것은 아니었지만 분명 수용소로 보낸 유대인들이 죽을 것이라는 사실은 알고 있었어요. 결국 그는 유대인 학살에 매우 중요한 역할을 수행했던 셈이에요.

1945년 아이히만은 나치 독일이 패망하기 직전 유대인 이송 작업을 수행하다가 미군의 포로가 되어 오스트리아의 수용소로 보내졌어요. 그런데 뉘른베르크 재판에서 자신의 이름이 많이 거론되자 수용소에서 탈출했고, 여러 곳을 전전하다가 이탈리아로 건너갔어요.

1950년 아이히만은 가톨릭 신부의 도움으로 리카르도 클레멘트라는 이름으로 위조 여권을 만들었고, 아르헨티나의 수도 부에노스아이레스로 도망쳤어요. 그는 그곳에서 직장을 구해 안정된 생활을 할 수 있게 되자 독일에 있는 가족들을 불러들였어요.

아이히만의 정체가 발각된 것은 1957년이었어요. 아르헨티나에 거주하는 유대인 로타르 헤르만은 자신의 딸이 아이히만이라는 이름을 사용하는 남자와 사귀고 있다는 것을 알았어요. 아이히만은 아르헨티나에서 리카르도 클레멘트로 살고 있었지만 그의 아내와 자식들은 모두 아이히만이라는 성을 사용하고 있었던 거예요.

헤르만은 곧바로 나치 추적자로 유명한 서독 검사 프리츠 바우어에게 아이히만의 소재를 알렸고, 바우어는 이스라엘의 정보 기관인 '모사드'에 정보를 제공했어요. 모사드는 2년 동안 클레멘트와 그의 가족들을 감시했고, 클레멘트가 제2차 세계 대전 당시 유대인 학살의 주범인 아이히만이라고 단정했어요.

이스라엘 정부는 1960년 5월 11일 직장에서 퇴근하는 아이히만을 납치하여 이스라엘로 데리고 갔어요. 이스라엘은 곧바로 아이히만의 체포 소식을 전 세계에 알렸고, 재판 계획을 발표했어요.

1961년 4월 11일 아이히만에 대한 재판이 예루살렘의 지방 법원에서 시작되었어요. 재판을 보기 위해 전 세계에서 기자들이 몰려왔고, 아이히만에게 적용된 혐의는 유대인 학살에 대한 범죄를 포함하여 15가지나 되었어요.

재판은 4개월 동안 진행되었고, 유대인 학살에서 살아남은 많은 유대인들이 증인으로 나와 나치의 잔혹함을 생생하게 증언했어요. 이스라엘은 재판을 생방송으로 전 세계에 내보냈고, 아이히만 재판은 전 세계적으로 엄청난 관심을 받았어요.

아이히만의 변호인은 아이히만이 어떤 정책을 결정하거나 만들지도 않았고, 그저 단순히 상관의 명령에 복종했을 뿐이라고 변호했어요. 하지만 재판부는 1961년 12월 15일 아이히만이 유대인 집단 학살과 관련해 받았던 15가지 혐의에 대해 모두 유죄 판결을 내렸어요.

▲ 독일의 뉘른베르크 전범 재판 기념관 전시회 일부

재판부는 아이히만이 유대 민족에게 저지른 행위는 가장 끔찍한 범죄라고 판단하여 법정 최고형인 사형(교수형)을 선고했어요. 아이히만의 변호인은 항소했지만 항소심에서도 같은 결과가 나왔어요. 아이히만의 변호인은 대법원에도 상소했지만 1962년 5월 29일 상소는 기각되었어요.

1962년 5월 31일 아이히만은 감옥에서 교수형에 처해졌고, 시체는 화장되어 어떤 기념행사도 열릴 수 없도록 지중해에 뿌려졌어요.

아이히만 재판을 보면서 우리는 한 가지 사항에 대해 생각해

▲ 유대인 학살에 가담한 아이히만 재판

20. 반인도적 범죄에 경종을 울린 아이히만 재판

볼 필요가 있어요. 그것은 '명령을 성실히 수행하기만 한 자에게 죄를 물을 수 있는가?' 하는 문제예요.

아이히만은 살인을 지시하지도 않았고, 그렇다고 살인을 직접적으로 행하지도 않았어요. 다만 살인 행위에는 가담했다고 볼 수 있어요. 중요한 점은 아이히만이 그 상황을 알고 있었느냐의 문제예요. 유대인들을 이송하게 되면 그들이 모두 죽을 것이라는 사실을 알고 있었느냐, 그렇지 않았느냐를 따져 볼 필요가 있어요.

아무것도 모른 채 단순히 유대인들을 이송하기만 했다면 그에게 죄를 묻기는 쉽지 않을 수도 있어요. 하지만 자신이 이송하는 유대인들이 모두 수용소에서 죽을 것이라는 사실을 알고도 그 일을 수행했다면 죄를 면할 수는 없어요.

당시 상황을 종합하면, 아이히만은 분명 자신이 이송하는 유대인들이 목적지에 도착 후 어떤 일을 당할지 알고 있었어요. 즉, 집단 학살이 일어나는 것을 알면서도 그는 유대인들을 적극적으로 이송했던 거예요.

우리는 아이히만의 재판을 보면서 또 한 가지 문제를 생각해 볼 수 있어요. '내가 만약 아이히만이었다면 어떤 선택을 했을까?' 하는 문제예요.

전쟁 상황에서 상관의 명령에 불복종한다는 것은 곧 죽음을 의미해요. 당시 아이히만이 상관의 명령을 거부했다면 그는 죽을 수밖에 없었을 거예요. 자신을 희생하여 다른 사람들을 구한다는 것은 누구나 할 수 있는 일이 아니에요. 아이히만도 다르지 않았을 테고요. 아마 대부분의 사람들이 아이히만과 같은 선택을 할 수밖에 없었을지도 몰라요.

그렇다고 아이히만이 어쩔 수 없는 선택을 했다고 동조하는 것 또한 바람직한 생각은 아니에요. 왜냐하면 우리 주위에는 그럼에도 불구하고 자신을 희생하여 옳은 일을 하는 사람들이 분명히 존재하기 때문이지요. 어쩔 수 없는 선택이었다고 모두가 인정한다고 해도 그것이 죄가 아닌 것은 아니에요.

여러분이 아이히만이었다면 어떤 선택을 했을까요? 자신을 희생하여 사람들을 구했을까요, 아니면 아이히만처럼 명령에 따랐을까요? 이것은 정말 쉽지 않은 선택이에요. 아이히만 재판의 중요한 의미는 바로 이 쉽지 않은 선택의 문제에 약간의 방향성을 제시한 것이라고 볼 수 있어요. 아이히만 재판은 우리가 어떤 생각과 자세를 갖고 살아가야 하는지에 대한 깊은 메시지를 던져주고 있어요.

뉘른베르크 전범 재판과 도쿄 전범 재판

제2차 세계 대전이 끝난 후 세계는 전쟁을 일으킨 독일과 일본에 대해 전쟁 피해의 책임을 물었어요. 가장 중요하게 다루었던 부분이 바로 전쟁 책임자에 대한 처단 문제였어요. 제2차 세계 대전의 주범이었던 독일의 나치와 일본의 군국주의 세력에 대한 재판은 독일의 뉘른베르크와 일본의 도쿄에서 각각 진행되었어요.

연합국은 전쟁 중이었던 1944년 말 이미 독일의 전쟁 책임자들을 처단하기로 결정했고, 1945년 8월 '국제 군사 재판소 헌장'을 채택했어요. 또 국제 군사 재판소가 발족하면서 처음으로 전범자들을 처단하기 위한 국제법적 장치가 마련되었어요.

전쟁 후 연합국의 '국제 군사 재판'에서는 독일과 일본의 전쟁 범죄자를 A급, B급, C급의 세 부류로 나누었어요. 이 중 A급 전범은 '국제 조약을 위반하여 침략 전쟁을 기획, 시작, 수행한 사람들(평화에 대한 죄)'을 말해요. B급 전범은 '전쟁법과 전쟁 관습법을 위반하고 살인, 포로 학대, 약탈 등을 저지른 사람들(전쟁 법규를 위반한 죄)'을 말하고, C급 전범은 '상급자의 명령에 의하여 고문과 살인을 직접 행한 사람들(인도에 대한 죄)'을 말해요. A급 전범은 모두 국제 재판에서 처리되었고 B, C급은 모두 그들이 수용된 나라에서 처리되었어요.

뉘른베르크 전범 재판은 '뉘른베르크 재판' 또는 '뉘른베르크 국제 군사 재판'이라고도 부르는데, 이 재판은 1945년 나치 독일의 전범과 유대인 집단 학살에 관련된 자들을 심판하기 위해 독일 뉘른베르크에서 열린 연합국 측의 국제 군사 재판이에요.

뉘른베르크 전범 재판에 나온 나치 독일의 전범들은 '평화에 반대하며, 죄의 달성을 위해 음모에 참여한 죄, 침략 전쟁을 비롯한 각종 평화에 반한 죄를 계획, 개시 및 전개한 죄, 전쟁 범죄, 인도에 반한 죄' 등의 이유로 기소되었어요.

뉘른베르크 전범 재판에서는 A급 전범 24명을 기소했고, 판결 전 죽은 2명을 제외한 22명 전원에게 사형이 선고되었어요. 또 유대인 학살에 관한 재판에서는 185명이 기소되었고, 이들 중 25명에게 사형이, 20명에게는 무기징역이 선고되었어요.

재판 당시 논쟁이 된 부분이 있었는데, 그것은 일반 병사들과 하사관 등 명령에 따를 수밖에 없었던 이들의 처벌 문제였어요. 재판부는 이 문제에 대해 법률이 죄악의 도구로 전락했을 때에는 양심에 따라 행동해야 하므로 상부 명령이라 하더라도 그 명령을 수행한 사람들은 죄가 있다고 못 박았어요.

도쿄 전범 재판은 '도쿄 재판'이라고도 부르는데, 재판의 정식 명칭은 '극동 국제 군사 재판'이에요. 이 재판은 1946년 2월 연합국 최고 사령관인 맥아더가 '극동 국제 군사 재판소 헌장'을 공포하고, 일본의 전쟁 책임자들을 처단하기 위해 '극동 국제 군사 재판소'를 구성하면서 시작될 수 있었어요.

재판에서는 A급 전범 28명이 기소되었는데, 판결 전에 사망한 3명을 제외한 25명 전원에게 유죄 판결을 내렸어요. 7명에게는 교수형이, 16명에게는 종신형이, 나머지 2명에게는 금고형이 내려졌어요.

뉘른베르크 전범 재판과 도쿄 전범 재판은 승전국이 패전국을 상대로 한 일방적인 재판이었지만 평화에 반대하고, 반인도적 범죄에 대해서는 언제든지 세계가 함께 처벌한다는 것을 보여 준 역사적인 재판이었어요.

참고문헌

· 김용준, 《우당탕탕 세상을 바꾼 과학》, 봄볕, 2015.

· 김정신, 《세상을 바꾼 바이러스》, 청년사, 2017.

· 박남일, 《청소년을 위한 혁명의 세계사》, 서해문집, 2006.

· 박동석, 《글로벌 에티켓 1》, 꿈꾸는꼬리연(봄볕), 2012.

· 박동석, 《세계를 움직이는 국제기구》, 봄볕, 2015.

· 박동석, 《세계를 움직이는 약속 국제 조약》, 책고래, 2018.

· 박동석, 《세계의 기념일》, 봄볕, 2016.

· 박동석, 《세상을 바꾼 재판 이야기》, 하마, 2020.

· 오준호, 《반란의 세계사》, 미지북스, 2011.

· 홍익희, 《세상을 바꾼 다섯 가지 상품 이야기》, 행성B, 2015.

· 홍익희, 《세상을 바꾼 음식 이야기》, 세종서적, 2017.

· 마리 노엘 샤를, 《세상을 바꾼 작은 우연들》, 윌컴퍼니, 2014.

· 사토 겐타로, 《세계사를 바꾼 12가지 신소재》, 북라이프, 2019.

· 사토 겐타로, 《세계사를 바꾼 10가지 약》, 사람과나무사이, 2018.

· 이나가키 히데히로, 《세계사를 바꾼 13가지 식물》, 사람과나무사이, 2019.

하마 세계는 내 친구 시리즈 2

10개의 키워드로 본
세상을 바꾼 20가지 이야기

1판 1쇄 펴낸날 2020년 10월 20일

글쓴이 박동석
펴낸이 김정희
펴낸곳 도서출판 하마

책임편집 권영선
일러스트 박승원
디자인 섬세한 곰

출판등록 2017년 6월 8일 제406-2017-000067호
주소 경기도 파주시 와석순환로 61 716동 403동 (야당동, 한빛마을7단지)
전화 031-919-4331
팩스 031-942-4332
전자우편 phhjk09@naver.com
ISBN 979-11-90521-25-3 43900

이 도서의 국립중앙도서관 출판예정도서목록(CIP)은 서지정보유통지원시스템 홈페이지(seoji.nl.go.kr)와
국가자료공동목록시스템(www.nl.go.kr/kolisnet)에서 이용하실 수 있습니다.(CIP 제어번호: CIP2020040490)

잘못된 책은 구입하신 곳에서 바꾸어드립니다.